新时代高校体育政策优化研究

曹盛民　著

北京体育大学出版社

策划编辑：王英峰
责任编辑：王英峰
责任校对：林小燕
版式设计：水分子

图书在版编目（CIP）数据

新时代高校体育政策优化研究 / 曹盛民著 . — 北京：
北京体育大学出版社，2024.5
ISBN 978-7-5644-4085-5

Ⅰ.①新… Ⅱ.①曹… Ⅲ.①高等学校—体育教育—
教育政策—研究—中国 Ⅳ.① G807.4

中国国家版本馆 CIP 数据核字（2024）第 091419 号

新时代高校体育政策优化研究
XINSHIDAI GAOXIAO TIYU ZHENGCE YOUHUA YANJIU

曹盛民　著

出版发行：北京体育大学出版社
地　　址：北京市海淀区农大南路 1 号院 2 号楼 2 层办公 B-212
邮　　编：100084
网　　址：http://cbs.bsu.edu.cn
发 行 部：010-62989320
邮 购 部：北京体育大学出版社读者服务部 010-62989432
印　　刷：唐山玺诚印务有限公司
开　　本：710mm×1000mm　1/16
成品尺寸：170mm×240mm
印　　张：13.5
字　　数：214 千字
版　　次：2024 年 5 月第 1 版
印　　次：2024 年 5 月第 1 次印刷
定　　价：98.00 元

  21世纪的竞争是人才的竞争，人才的竞争就是教育的竞争。高校体育作为高等教育、体育事业的重要内容，是培养高素质人才的重要途径，因此，受到党和国家领导人的高度重视。2018年，习近平在全国教育大会上强调，教育是国之大计、党之大计。要在增强综合素质上下功夫，教育引导学生培养综合能力，培养创新思维。要树立健康第一的教育理念，开齐开足体育课，帮助学生在体育锻炼中享受乐趣、增强体质、健全人格、锤炼意志。习近平也曾在多个场合强调，"体育承载着国家强盛、民族振兴的梦想。体育强则中国强，国运兴则体育兴"。体育集政治影响力、经济生产力、文化传播力、社会亲和力于一体，体育的发展与国运兴衰高度关联。

  党的十八大开启了中国特色社会主义建设新时代，我国经济持续发展，社会长期稳定，这对高素质人才提出了更高的要求。新时代社会主义的合格人才既要有规则意识，又要有竞争精神与合作品质，需要心理健康并具有社会适应能力，但前提是拥有健康的体魄。近年来，为加快推进高校体育工作，党中央、国务院及其所属部门出台了多项政策措施，在体育师资、课程建设、运动训练、场馆设施建设等方面取得了有效进展。然而，高校体育仍是高等教育事业最为薄弱的环节，体育教师数量不能满足体育课教学与指导课余体育活动的需要，场馆设施难以满足学生课内、课外总体需求，大学生体质健康水平仍是学生素质的明显短板。有关研究成果表明，大学生身体健康水平持续下降，整体上反映出来的指标令人担忧，特别是肺功能指标维持低水平，超重和肥胖现象严重，近视发生率继续增加，速度、力量素质增长趋于停滞，耐力素质在低谷徘徊，血压调节机能不良比较普遍，显现的问题十分突出。

党和政府在新时代出台了多项政策来规范高校体育工作，推动高校体育事业的发展。尤其是在 2020 年 8 月 31 日，国家体育总局、教育部联合印发了经由中央全面深化改革委员会第十三次会议审议通过的《关于深化体教融合 促进青少年健康发展的意见》，从八个方面三十七条为体育、教育、健康等多领域、多方位、多主体、多视角的融合进行规制。然而，高校体育取得令人欣慰的成绩的同时，仍然存在一些严重的现实问题，如大学生体质健康水平为什么持续下降？从体教结合到体教融合，为什么高校直接培养的大学生运动员很少能代表国家参加洲际及世界重大比赛并取得成绩？为什么有些大学生经过十多年的学校体育教育却未能掌握一两项终身受益的运动项目技能？造成此类问题的原因，应首先在高校体育政策文本中探究根源，并寻求破解之道，因此，本书选择基于文本分析的"新时代高校体育政策优化研究"作为题目。从高校体育政策文本研究中可以了解新时代高校体育政策的演进历程怎样，可以知悉新时代高校体育政策发文主体及其网络特性如何，可以明确新时代高校体育政策选择的政策工具有哪些，可以挖掘新时代高校体育政策内容及其网络特性是什么。经过仔细研读高校体育政策文本，笔者认识到政府虽然制定和颁布了多项与高校体育相关的政策，但是忽视了对政策内容的针对性、政策执行的可行性评估与考察。

高校体育事业经费投入不足、投入渠道与方式单一，社会参与性与融入性不高，高校体育政策手段和方法单一、陈旧，体育教师工作任务偏重教学等因素，均导致高校体育工作效率和质量不高，这些问题严重阻碍了新时代高校体育事业的发展。这与新时代高校体育政策本身的实际可操作性不强、政策的制定模式单一以及政策的评估、督查滞后等缺陷相关。因此，制定科学、合理的高校体育政策势在必行。高校体育政策是调节高校体育内外活动和规范高校体育工作的重要手段，其优劣直接影响新时代高校体育工作的效果。因此，解决上述问题的关键是制定出合理、易实施、操作性强的高质量高校体育政策。在这样的背景下，笔者对新时代国家层面高校体育政策进行了深入的研究，以期优化高校体育政策，提升政策质量，增强政策实效性，这使基于文本分析的新时代高校体育政策优化研究具有重要的理论价值和现实意义。

一、研究目的和意义

（一）研究目的

高校体育政策对高校体育资源具有管制、引导、调控、分配功能，是高校体育活动的工作依据和准则，决定着高校体育工作的成效。在肯定高校体育工作取得成绩的同时，大学生体质健康状况、高校体育师资、课余体育工作成效等方面存在的问题值得反思。截至 2021 年 5 月，七次学生体质健康调查结果表明，学生体质健康指标持续下降，肥胖率、近视率指标持续上升；体育教师基本能够满足体育课教学的需要，但对课余体育活动进行指导的教师却尤显缺失；学生每天进行一小时课余体育活动、每周至少参加三次有组织的活动的目标难以实现等，这些都成为影响高校体育工作效果的重要因素。为从根本上找出高校体育工作成效不足的原因，本研究从高校体育政策文本入手，选取新时代中国特色社会主义建设以来的高校体育政策文本作为主要研究对象，通过文献研究法、历史分析法、内容分析法、社会网络分析法等方法，研究高校体育政策的历史演变、政策制定主体、政策工具选择以及政策内容挖掘分析等内容，进而探寻高校体育政策文本中存在的不足，并提出优化建议，旨在完善政策文本，为高校体育工作中的各种活动提供充实、可靠、执行性强的政策保障，以期提高高校体育工作成效，缓解学生体质健康水平持续下降等问题。

（二）研究意义

1. 理论意义

（1）丰富了高校体育政策定性与定量相结合的理论研究

以新时代高等教育、体育发展规律为基础，借助 UCINET、ROSTCM、

SPSS统计分析软件，将高校体育政策文本内容以数字、图形的形式展现出来，运用定量研究结合定性分析的方法，深入探究高校体育政策文本内容的优点与不足，尝试构建新时代高校体育政策"价值链—政策工具"二维分析框架，揭示高校体育政策文本载体形式、政策主体与主题的相关性、政策工具选择、政策文本内容等方面存在的问题，因而丰富了高校体育政策定性与定量相结合的理论研究。

（2）打破了仅从静态角度研究高校体育政策的局限

为了更好地展开研究，本研究将新时代高校体育政策纳入自中华人民共和国成立以来的高校体育政策体系，呈现其发展演变历程。本研究尝试从静态的文本分析和动态的政策演变过程分析两个维度，以新中国党史和社会发展的重大转折点为界，将新中国成立以来高校体育政策发展划分为三个历史阶段：计划经济阶段的高校体育政策（1949—1978年），改革开放阶段的高校体育政策（1979—2011年），新时代高校体育政策（2012—2020年）[1]。同时，结合各个时期社会政治经济发展的历史背景，进行历史政策文本发展的动态分析。这种将政策文本的静态分析与政策文本演变过程的动态分析结合起来的研究方法，打破了仅从静态视角进行分析的局限。

2. 实践意义

（1）有利于制定科学、合理的政策来指导高校体育实践活动

高校体育由教育行政部门主管，但是，高校体育涉及的领域较多，一个部门并不能独立完成指导。面对高校体育实践中存在的现实问题，教育、体育及相关部门也要认真研究，捕捉政策问题的症结、瓶颈和难点，制定出切实可行的科学政策，指导高校体育实践活动。比如，在实际工作中存在有令不行有禁不止、上有政策下有对策等政策执行不力的现象，究其根本，仍是政策本身存在些许缺陷，如弹性有余、刚性不足等。本研究通过对政策文本的分析，总结吸取高校体育政策发展的经验教训，为指导高校体育实践活动提供可靠支持。

---

[1] 孙成林，王健，高嵩. 新中国学校体育设施政策发展研究［J］. 北京体育大学学报,2014,37（5）：36-43.

（2）有利于高校体育问题的有效解决

高校体育政策作为高校体育活动的行为准则，直接影响着高校体育活动的开展。在教育强国、体育强国、健康中国、以人为本等指导思想的影响下，高校体育必须具有培养国际性人才、高技能人才的育人功能，这成为当下社会经济发展最迫切的需求。但从总体上讲，新时代的高校体育与其目标仍存在差距。本研究提出新时代高校体育政策优化路径，合理利用高校体育政策的政策工具，完善政策资源的有效配置，增强政策主体协同联动机制，从深层次找出我国高校体育问题的症结所在，有利于高校体育问题的有效解决。

二、研究思路及技术路线

（一）研究思路

本研究以新时代高校体育政策研究现状为切入点，以 2012—2020 年国家层面高校体育政策文本为主要研究对象，将政策工具理论和文献计量理论作为研究基础，利用文献研究法、历史分析法、内容分析法、社会网络分析法等研究方法，以新中国高校体育政策文献计量及历史演变分析、新时代高校体育政策发文主体及其网络特性、新时代高校体育政策的政策工具选择、新时代高校体育政策文本内容分析的逻辑顺序为主线展开研究。

（1）本研究提出了新时代高校体育政策优化研究的缘由以及本研究具有的理论意义和现实意义，在对国内外公共政策、教育政策、体育政策、高校体育政策文献进行深入研读和综述的基础上，确定研究的切入点。同时，筛选科学的研究方法、恰当的分析软件，总结、提炼本研究的创新点。

（2）为满足研究需要，本研究选择文献计量理论和政策工具理论作为理论基础，在对高校体育政策文本进行搜集、筛选、整理、统计的基础上，对国家层面高校体育政策进行了文献计量及演变历程分析，为本研究和未来有关研究提供理论支撑和数据支持。

（3）通过对新时代高校体育政策发文主体的计量统计，利用社会网络分析法，对新时代高校体育政策发文主体的单独发文和合作发文情况、掌握资源情况进行了分析。

（4）运用内容分析的方法，以高校体育"价值链—政策工具"二维分析框架为研究视角，对新时代高校体育政策的政策工具选择进行深入分析，剖析高校体育政策在价值链以及政策工具选择和运用中存在的问题。

（5）从静态研究层面，通过社会网络分析法、词频分析技术，对新时代高校体育政策文本的核心内容及存在的问题进行了挖掘和分析。

（6）结合新时代高校体育事业发展的现实状况，依据新时代高校体育政策研究结果，提出优化新时代高校体育政策的建议，完善、丰富高校体育政策内容及政策工具，使高校体育政策质量得到提升。

（7）通过总结、归纳相关理论与实证研究结果得出研究结论，并依据研究结论分析本研究存在的不足和有待深入研究的问题。

（二）研究技术路线

本研究主要依据高校体育政策研究的文献计量理论和政策工具理论，以2012—2020年颁布实施的高校体育政策文本作为主要研究对象，仔细研究了高校体育政策自身的发展变化规律。第一，利用历史分析法对高校体育政策文本载体、发展趋势、历程中经历的三个阶段及其内容关键词进行研究，掌握发展趋势特征：政策文本内容与时代发展背景息息相关。第二，运用ROSTCM、UCINET统计分析软件对新时代高校体育政策发文主体及其网络特性进行研究，了解高校体育政策主体构成及单独发文主体、联合发文主体情况；"政策主体—主题相关性"研究，有助于发现高校体育政策在制定过程中存在的问题。第三，选择内容分析法，依据政策工具理论，构建高校体育政策"价值链—政策工具"二维分析框架，对高校体育政策价值链及政策工具选择情况进行分析与研究，分别得出高校体育政策价值链与工具链的价值活动、政策工具选择的特性。第四，利用社会网络分析法、内容分析法，应用UCINET、ROSTCM、SPSS等统计分析软件，对高校体育政策文本中的关键词进行提取和计量，总结高校体育政策核心关键词的网络特性、变化规律等情况。第五，结合高校体育事业发展现状及未来发展要求，提出优化高校体育政策的路径，在前期研究的基础上得出研究结论。

三、研究方法

后现代特征是 21 世纪西方教育政策研究领域表现出的明显特征，其中包括教育政策研究理论运用的后现代性、教育政策研究视角的后现代性、教育政策研究方法的灵活性和多样性、教育政策研究中质的研究方法的倾向性[1]。这些方法论可以用来指导新时代高校体育政策优化研究。高校体育政策既属于教育政策领域，又属于体育政策领域，因此，本研究同时采用教育领域、体育领域研究方法，从政策文本入手，通过定量和定性研究相结合的方式，对新时代高校体育政策进行深入的剖析。

（一）文献研究法

文献研究法是高校体育政策研究最为常用的研究方法。研究者根据研究目的、内容，运用各种检索工具或系统，搜集、甄别、归类、整理相关文献，对其进行总结、归纳，提取有意义的信息，形成对事实资料的辩证、科学认识的研究方法。

本研究的目的之一是揭示新时代高校体育政策在历史演变进程中呈现的时代与内在逻辑特征，进而提出优化新时代高校体育政策的建议。党的十八大开启了中国特色社会主义建设新时代，本研究把新时代高校体育政策文本作为重点内容进行研究。由于我国进入社会主义现代化建设新时代的时间较短，为保证政策研究的系统性、全面性，需要将新时代高校体育政策文本融入自中华人民共和国成立以来的高校体育政策文本，深入剖析高校体育政策历史演变进程与特征，故中华人民共和国成立至 2011 年的高校体育政策文本也是本研究的研究对象。因此，本研究选用文献研究法作为基本研究方法。

根据研究目的和内容，笔者通过查阅法律法规网、教育部网站、国家体育总局网站、体育年鉴、教育年鉴、学校体育政策选编等途径，收集中华人

---

[1] 李娅玲 . 21 世纪西方教育政策研究的后现代特征——以美国 *Educational Policy*（2002—2008 年）为样本 [J]. 中国高教研究，2009（7）：46–48.

民共和国成立以来的高校体育政策文本；在东北大学图书馆、东北大学档案馆、沈阳市档案馆等资料中心，主要查阅已经出版的国内外相关著作；电子资源的检索通过 EBSCO 全文数据库、维普数据库、万方期刊数据库、中国学术期刊数据库等进行，主要收集学位论文和期刊论文；新闻报道以及相关实证资料通过"雅虎""百度"等搜索引擎收集。收集到的资料为本研究提供了很多有益启发和值得借鉴的观点。本研究通过对所收集的文献的整理与分析，了解新时代高校体育政策研究取得的成果与存在的不足，厘清我国高校体育政策的发展脉络，深入细致地分析新时代高校体育政策的演变历程与阶段特征，探讨新时代高校体育政策的未来发展趋势以及制定策略。

（二）历史分析法

客观事物是发展变化的，分析事物时要把其发展的不同阶段加以联系和比较，这样才能弄清其实质，揭示其发展趋势。历史分析法是基于搜集、调查与研究对象相关的各种历史事实与现实状况，深入挖掘与分析研究对象的发展演变历程，以揭示其本质与规律的方法。矛盾或问题的出现，总是有其历史根源，在分析和解决这些矛盾或问题的时候，只有追根溯源，弄清它们的来龙去脉，才能提出符合实际的解决办法。

历史分析法是对政策问题进行细致探求的纵向分析方法。该方法带有明确的目的性，它是从有关历史文献中搜集资料，用以分析并研究政策问题。其注重用科学的方法搜集、检验、分析历史资料，探求政策产生的背景与因果关系，梳理并归纳相关问题的历史发展脉络和规律，进而了解历史与现实的相互关系。可以说，历史研究始终是实证的、现实的，因此本研究所要进行的问题分析，必须以大量可靠的历史依据作为合理性基础，即在掌握第一手文献资料的基础上，对 70 多年来我国高校体育政策的文献进行溯源分析。

历史分析法是基于文本分析的新时代高校体育政策优化研究采用的主要方法之一，也是各种研究中经常使用的方法。它对事物规律和本质的探索是通过研究事物发生、发展和消亡的过程来实现的。本研究从历史的角度，结合时代背景，对新中国高校体育政策发展过程进行具体分析，按照新中国发展的重要历史节点划分其发展阶段，并逐段分析其历史成因。既然任何高校体育政策的生成都不能脱离当时的历史背景，那么对高校体育政策的研究就更无法脱离历史的视角。因此，回溯70多年来我国高校体育政策演进的历史脉络，对政策发展的历史规律进行经验总结与概括提炼，探究政策内在逻辑的演进，以期客观、公正地进行分析，并为未来我国高校体育政策的制定提供借鉴。

（三）内容分析法

内容分析法是一种经典的研究方法，是能够将定性与定量研究相结合并系统地研究文献内容的方法。在第二次世界大战期间，政治学和传播学研究领域开始使用内容分析法；20世纪60年代，内容分析法在计算机领域得到运用，且逐渐拓展到社会科学领域，尤其在管理和情报科学领域使用广泛[1]。美国著名社会学家伯纳德·贝雷尔森（Bernard Berelson）认为，是一种对具有明确特征的传播内容进行的客观、系统和定量的描述的研究技术[2]。这种定量研究方法遵循内容体例基本一致、具有连续性、信息含量大、符合研究目的等抽样原则[3]。该方法通过分析特定概念和词语出现在文本中的频次、相互之间的关系和含义，来推断时代背景、受众以及文化、作者和文本所蕴含的启示与信息，即通过对明显、直接的内容进行分析，研究其背后隐性、间接的内容。

本研究基于研究内容与目的的需要，具体运用内容分析法，分析政策文本时采用一定的切入维度与分析标准，本质是质性研究新时代高校体育政策文本。同时，将通过法律法规网、教育部官网、国家体育总局官网等网站以及高校体育相关政策选编（汇编）、沈阳市档案馆、东北大学档案馆、东北大学图书馆等渠道搜集到的高校体育政策文本进行整理和分类，利用内容分析

[1] 杨志军，耿旭，王若雪.环境治理政策的工具偏好与路径优化——基于43个政策文本的内容分析[J].东北大学学报（社会科学版），2017，19（3）：276-283.

[2] WIMMER R D, DOMINICK J R. Mass media research: an introduction [M]. 7th ed. Belmont: Wadsworth Publishing, 2003.

[3] LU X L, WU C Y, DONOHOE H. Conceptualizing ecotourism from a distinct criteria approach by using content analysis [J]. Acta Ecologica Sinica, 2006, 26（4）：1213-1220.

法处理数量较大的高校体育政策文本，经过样本选择、分析单元确定、分析类目构建、编码、可靠性检验、统计分析等步骤，对新时代高校体育政策工具选择、关键词词频等进行深层次的精确剖析，揭示主观查阅文本时难以发掘的信息，为优化政策选择路径，为科学、系统地制定高校体育政策提供理论依据。

（四）社会网络分析法

美国心理学家莫雷诺（Moreno）于 20 世纪 30 年代研究小群体人际关系和内部结构时，以社会测量法为基础，首先使用了社会网络分析法。网络通过点和线来表达，社会网络就是社会行动者和其他行动者之间的关系集合，即社会行动者（多个点）和其他行动者之间的关系（各点间连线）组成一个社会网络集合。社会网络强调网络中的每个行动者都与其他行动者存在或多或少的联系。社会网络分析法研究网络结构对内部个体以及群体功能的影响，力图通过建立联系的模型并描绘群体关系结构来实现。目前，社会网络分析法已发展成为分析和绘制事物、组织、个人之间关系的方法，在信息科学、地理学、社会心理学、人类学、社会学等多学科研究领域均有应用。国内外专门介绍社会网络分析的著作有《社会网络》《社会结构》《社会网络分析导论》《社会科学研究方法》《社会研究方法教程》等。

社会网络分析法是研究行动者之间关系的定量研究方法，是在复杂网络理论、图论、数学方法基础上发展起来的，这里的行动者可以是国家、组织、群体、个人等。该方法通过分析行动者之间的关系，以发现其隐藏的规律或现象[1]。本研究利用 UCINET 统计分析软件对新时代高校体育政策的政策文本关键词、发文主体构成的共词矩阵进行处理，呈现出可视化的网络结构图形，通过绘制政策文本关键词、政策主体的网络图谱展示社会关系，以便清晰地认识政策主体之间、政策文本关键词之间的相互关系；再利用 UCINET 统计分析软件分别测度政策主体、政策文本关键词"网络密度""点度中心度"

[1] 吉亚力，田文静，董颖 . 基于关键词共现和社会网络分析法的我国智库热点主题研究［J］. 情报科学，2015，33（3）：108-111.

等，对政策文本关键词之间、政策主体之间的网络结构特征进行深入分析，以期科学、合理地认知新时代高校体育政策的内容与主体。

四、创新点

（一）基于新时代高校体育政策分析视角体现选题创新

经过对现有文献的梳理与研究，笔者发现对有关高校体育政策的研究较少，而这为数不多的研究亦侧重于政策执行和政策变迁，目前尚未发现公开发表的以新时代高校体育政策为主题的研究。本研究界定了新时代高校体育政策的概念，具有创新性。同时，在新时代高校体育政策的视角下，以政策文本为主要研究对象，以政策工具理论、文献计量理论为支撑，以定性和定量相结合的研究方法，以可视化的形式对新时代高校体育政策的政策主体—主题相关性、政策工具选择、政策内容挖掘等展开了深入的研究与分析，发现了影响新时代高校体育政策效能发挥的瓶颈问题，并提出优化路径。这种以新时代高校体育政策为研究视角的教育政策研究，目前学界鲜有学者涉足，是本研究视角选题的一种创新性尝试和探索。

（二）基于内容分析法揭示影响新时代高校体育政策效能发挥的瓶颈体现问题创新

以往高校体育政策的研究，以质性研究为主的主观描述、回顾总结居多，是高校体育政策相关研究的抽象概括，以至研究结果的客观性、科学性受到影响。本研究基于文本分析采用了内容分析法，运用 UCINET、ROSTCM、SPSS 等统计分析软件，对新时代高校体育政策文本关键词采用可视化网络图谱表征技术，使其以直观、具体、形象的可视化形式展现出来，改变了以往所采用的以单一社会事实范式或社会定义范式探究其发展状况的传统方式，为新时代高校体育政策研究提供了一种新的技术与路径。此外，本研究全面、客观、形象地揭示出政策主体存在的小团体、政策资源耗损、政策工具配置不均衡、体育教师忽视课余体育工作、政策内容缺失、体育科研和体育产业的规定和政策的内容前后矛盾等影响新时代高校体育政策效能发挥的瓶颈问题，使得研究结果的客观性、科学性、针对性更强，可信度更高。因此，基于文本分析采用内容分析法揭示影响新时代高校体育政策效能发挥的瓶颈问题，体现了本研究的问题创新。

（三）基于可视化分析提出新时代高校体育政策的优化路径反映内容创新

本研究以新时代高校体育政策为研究视角，基于文本分析采用内容分析法，运用 UCINET、ROSTCM、SPSS 等统计分析软件挖掘出新时代高校体育政策的内容核心，呈现了内容核心关键词网络可视化特色，增强了量化研究的客观性，拓展了研究深度。针对影响新时代高校体育政策效能发挥的瓶颈问题，探寻其成因，提出了强化新时代高校体育政策主体间协调联动的机制、优化"价值链—政策工具"二维分析框架结构、增加高校体育科研和体育产业规定、修正政策内容设计偏差等优化路径，最终为完善高校体育政策、提高政策质量、解决高校体育问题提供有效支撑。因此，在选题创新、问题创新的基础上，分析得出客观、真实的问题及其成因，然后针对问题及其成因提出优化路径，反映了本研究的内容创新。

五、研究结论

本研究以政策工具理论和文献计量理论为理论基础，对新时代高校体育政策发展历程进行了综合分析，将新时代高校体育政策文本作为主要研究对象，通过文献研究法、历史分析法、内容分析法、社会网络分析法和UCINET、ROSTCM、SPSS、EXCEL 等软件进行综合分析，全面、系统地研究了新时代高校体育政策的演变历程、政策主体构成及其网络结构特性、政策工具的运用情况以及政策内容的变化规律，最后依据研究结论提出了新时代高校体育政策的优化路径。

（一）新时代高校体育政策发文量呈"跳跃式倍增"发展态势

经过统计得知，1949—2020 年，年均政策发文数 2.23 项。其中，计划经济阶段（1949—1978 年）政策发文平均数为 0.4 项，改革开放阶段（1979—2011 年）政策发文平均数为 3.1 项，新时代（2012—2020 年）政策发文平均数为 6.1 项。从整体上看，新时代高校体育政策发文数量呈"波浪式渐进与跳跃式倍增"的发展特征。计划经济阶段的高校体育政策呈现"平缓—停滞"状态；改革开放阶段的高校体育政策逐渐恢复，紧跟政治、经济、社会改革的步伐在探索中不断发展，呈现"渐进—递增"状态；新时代高校体育政策的范围、形式、内容逐渐规范，政策目标向多元化发展，政策数量相较前两个阶段成倍增长，呈现"跳跃—倍增"的发展态势。高校体育政策的发展具有一定的历史规律性，凡是出台有利于国家发展或者具有长远战略意义的政策的年份，均能够成为高校体育政策发文数量增加的起点，与政策相关的政策主体随之制定相关的配套性政策，使得短期内发文数量有较大幅度的增加。党的十八大开启了中国特色社会主义建设新时代，大学生的体质健康等问题越来越得到高度重视，国家出台了一系列方针政策，以推进高校体育工作，加之《国务院办公厅关于印发中国足球改革发展总体方案的通知》发布，2022 年北京冬奥会申办成功，校园足球、冰雪运动进校园和体教融合等方面的相关政策密集出台，使新时代高校体育政策数量呈"跳跃式倍增"发展态势。

（二）新时代高校体育政策阶段性特征明显

本研究从历史发展的角度分析新时代高校体育政策，同时借鉴我国在此方面研究颇有建树的其他学者的研究成果，将国家层面的高校体育政策分为三个阶段：计划经济阶段的高校体育政策、改革开放阶段的高校体育政策、新时代高校体育政策。在历史发展的不同阶段，高校体育政策与当时的时代背景相呼应，其形态、内容均鲜明地反映出时代特征。计划经济阶段的高校体育政策重在学习与建设，以向苏联学习为主，强调以学生体质健康为中心开展高校体育工作，兼顾军事体育和生产劳动，这是由我国特定的历史阶段决定的。改革开放阶段的高校体育政策重在恢复与发展，强调在恢复的基础上探索改革，不断发展。结合这一阶段的教育体制改革，高校体育政策坚持普及与提高，旨在促进学生身心健康，以高校体育推进教育事业的发展，为社会主义现代化建设培养合格人才。新时代高校体育政策在新思想、新理念、新战略的指引下，政策形式体例规范化，政策内容法律化、专项化，政策目标多元化；强调校园足球带动篮球、排球、田径、体操等项目的发展，重视冰雪特色项目与传统体育项目，促进学生身心健康，培养其团结协作、拼搏竞争的精神，以适应新时代对高素质人才的需要。因此，新时代高校体育政策重在规范化与多元化，体现了这一阶段体育政策的主题多样性、目标多元性、功能综合性、项目引领性的时代性特征，反映了新时代高校体育政策中新的重点领域。

（三）强化新时代高校体育政策主体间的协调联动是避免资源浪费的现实路径

新时代有 35 个政策主体共制定了 55 项高校体育政策。其中，6 个单独发文的政策主体发布了 39 项政策，占比 70.91%；联合发文的政策主体共发布了 16 项政策，占比 29.09%。经过统计发现，新时代高校体育政策出自多个部门，以政策主体单独发文为主。分析显示，新时代高校体育政策联合发文主体的网络密度值达到 0.5871，表明网络节点间的连接较为紧密，相互之间具有良好的合作关系，总体网络结构较为紧凑，政策主体之间的协同程度较高。作为网络成员的各个政策主体之间联系较为紧密，达到 0.8048 的均方差值，表明网络节点之间连接紧密，有较密切的交流关系，网络离散度比较高。经过点度中心度与中间中心度分析得知，新时代高校体育政策主体成员之间存在"小团体"网络结构，即"小团体"成员之间的相互联系比较紧密，其余主体间缺乏联系。通过对新时代高校体育政策主体—主题的相关性分析得知，新时代高校体育政策主体呈现出普遍共同关注相同主题的状况，这就表明了高校体育政策资源有消耗和浪费现象。政策是促进高校体育发展的重要力量，使用高效政策资源能够提升高校体育发展水平。在政策制定过程中，应尽量避免和限制政策主题重叠造成的政策资源浪费和耗损现象，合理运用高校体育政策资源，引导政策高效发挥作用。所以，应更好地对新时代高校体育政策资源进行优化，加强高校体育政策主体相互之间的交流沟通与协调联动，使其在相互合作的基础上协同创新；坚持科学开发、合理整合高校体育政策资源，保持其动态平衡、协调配套，将高校体育政策资源整体功效发挥到极致。

（四）调整"价值链—政策工具"二维分析框架是完善新时代高校体育政策工具选择的有效途径

从研究结果可知，新时代高校体育政策工具 X 维度兼顾了供给型、环境型和需求型三种类型政策工具的运用，但是这三种类型政策工具在使用权重上表现出明显的差别：供给型政策工具占 24.70%，环境型政策工具占 68.24%，而需求型政策工具仅占 7.06%。这表明在新时代高校体育政策工具选择方面，政府倾向于采用以环境型政策工具为主、以供给型政策工具及需求型政策工具为辅的模式，体现了政府在政策工具选择运用上的倾向性偏差。

进一步分析这三种类型的政策工具，可以发现新时代高校体育政策工具在运用过程中仍存在以下几方面的问题：第一，环境型政策工具呈现严重分化，目标规划、法规管制使用过度，金融支持运用空缺；第二，供给型政策工具显示弱势均衡，公共服务运用偏少；第三，需求型政策工具呈现匮乏缺位，公共技术采购运用空缺。基于以上分析可以发现，新时代高校体育政策工具体系尚待完善，高校体育政策工具结构优化势在必行。要解决以上问题，建议政策主体在以下几个方面加以夯实：第一，适当减少环境型政策工具中法规管制和目标规划的使用频率，增加投入，提高金融支持的影响力度，加强金融支持政策的研究，发挥其积极作用。第二，加强供给型政策工具的推动作用和需求型政策工具的拉动作用，特别应强化需求型政策工具的力量，尤其是吸引社会力量投资，高效灵活地运用各种资本加大对高校体育的投入，使供给型和需求型政策工具高效运转起来。这种推拉的力量配合环境型政策工具的影响将形成正向合力，对高校体育的发展会产生事半功倍的效果。第三，强化政策实施细则的研究和制定，针对实际情况区别采用供给型和需求型政策工具，实现高校体育有效资源的科学供给。

新时代高校体育价值链 Y 维度涉及体育制度与机制、体育教师、课余体育较多。其中，体育制度与机制是高校体育活动的依据，体育教师是高校体育活动的主体，课余体育是高校体育最基本的活动方式。在继续发挥这三方面作用的同时，应强化体育课程与体育环境建设，调整体育教师的工作重心，使其向指导课余体育活动转移。体育课程是实现高校体育目标最主要、规范的活动形式。要通过政府、社会与高校共建等方式改善体育环境，放宽体育制度与机制的管制和约束，给课余体育、体育课程、体育教师提供更加广阔的空间，发挥其自主、灵活的特性，促进高校体育蓬勃发展。因此，调整"价值链—政策工具"二维分析框架的具体结构，增强和提高高校体育政策工具的操作性和使用效率，转移体育教师的工作重心，是完善新时代高校体育政策"价值链—政策工具"二维分析框架结构体系的有效途径。

（五）增补缺失内容、修正偏差是提升新时代高校体育政策质量的重要举措

聚类分析和多维尺度分析表明，新时代高校体育政策主题内容聚焦清晰，具体表现在以下方面：第一，聚类分析将新时代高校体育政策内容分为保障措施类、综合信息类、管理评价类、基础活动类、项目发展类五个类别；第二，多维尺度分析将新时代高校体育政策内容分为综合保障区、管理评价区、基础活动区、项目发展区四大部分。聚类分析和多维尺度分析的结果在一定程度上大致吻合，多维尺度分析将聚类分析的保障措施类和综合信息类合成一个区域，其他的聚类和分区基本相同，但是，每个聚类和分区内的主题词略有变化。在新时代高校体育政策内容中，体育产业、体育科研方面没有显现，这成为高校体育政策的短板。在新时代创新驱动发展战略框架下，为了更好地发挥高校体育功能，应加强关于体育产业、体育科研等方面措施的制定，补齐短板。体育产业、体育科研应以创新为媒介，实现经费到知识、知识到产业、产业到经费的良性循环，为高校体育提供新技术、新知识、新产品、新方法和发展经费。因此，应突破瓶颈，完善高校体育政策内容，实现新时代高校体育政策内容主题的有效整合和全面覆盖，提升高校体育政策质

量，使其发挥最大的实际效应，助推高校体育良性发展。

新时代高校体育政策文本的关键词网络图谱可以明确直观地显示关键词之间的相互关系。14.7080的关键词网络密度值，表明整个网络节点间连接不紧密，关键词间联系程度不高，整个关键词网络呈现中心度较低的趋势。5.7263的均方差值，表明网络离散程度较低，多数网络关键词没有联系或者联系不紧密，一定程度上仅在小范围内有集中趋势，而政策内容则在少数几个方面得到聚焦，并且政策内容主题过于强调综合保障、管理评价、基础活动及项目发展，忽视体育产业、体育科研、督查反馈等。另外，有些政策在内容设计方面存在偏差。比如，《教育部等四部门关于加快推进全国青少年冰雪运动进校园的指导意见》要求整合社会资源，统筹现有投入渠道，鼓励吸纳社会资源开展校园冰雪运动；同时强调，在开展校园冰雪运动时杜绝商业活动、商业广告。这些内容明显存在矛盾，既要求整合社会资源、吸纳社会资源投入，推进冰雪运动进校园，又强调杜绝商业活动、商业广告，那么社会资源的效益体现在哪里？只有投入却没有收益，社会资源又怎能坚持长久？所以，这种内容在设计上存在偏差的政策将严重挫伤社会资源对校园冰雪运动投入的积极性。以上这些问题反映出新时代高校体育政策内容在设计方面存在不足，需补齐高校体育政策内容短板，修正高校体育政策内容设计偏差，增强政策内容的实用性、全面性和科学性，切实提高政策质量，确保政策有效实施，实现新时代高校体育多元培养目标。

六、致谢

在这花果飘香、五谷丰登、喜迎丰收的时节，博士论文也即将圆满收笔。蓦然回首求学八载，寒来暑往，泛舟学海，奔波于工作、生活之间，激情与沉默、兴奋与颓废、繁忙与偷闲、感恩与愧疚，苦中蕴甜，存于心间。随着论文完美收官，思绪万千，唯有诚挚感谢，略表拳拳之心。

回首漫漫求学路，首先最该感谢恩师史万兵教授。入学之前，早闻史老师虽然为巾帼，但是不让须眉，既能如滔滔江水般旷达奔放、豪气万千，又能如涓涓细流般润物无声、滋润心田。有幸入得门下，获益果然匪浅。史老师授课兢兢业业，时时给予提点，学识广博，对我影响深远，其严谨治学之道是我学习的典范。论文付梓之际，回想过程点滴，无论选题立意、搭建框架，还是文献查阅、方法采纳，抑或主题论证、结论确立，均有恩师心血凝聚。八年求学之旅，常有懈怠颓废之际，幸得恩师鞭策，促我日夜奋蹄。驽马十驾，终达满意结局。千言万语难述谢恩之意，唯有余生常怀吾师于心。

学贵得师，亦贵得友。感谢张锐锋教授，他既是我博士求学之引路人，亦为我工作、生活之良师益友。感谢李兆友教授为我课题研究指点方向，感谢杜宝贵教授为我的论文做详细指导，感谢论文开题、预答辩、答辩过程中各位专家教授的多方指导与斧正，感谢师兄孔德意博士在我撰写论文过程中提供全面细致的帮助与激励，感谢文法学院的领导和老师在我求学、工作和生活方面对我的关怀与引导，感谢体育部对我边工作边学习的多种支持，感谢东北大学曾经帮助过我的老师和朋友。感谢师兄、师姐、师弟、师妹对我的鼓励与开导，感谢我引用过的论文和阅读过的文献的作者，他们为本研究提供了宝贵的素材和灵感。感谢生命中遇到的诸多贵人，因篇幅所限，不能逐一具名，但其恩情永驻心中。

父母恩情似海深，含辛茹苦将我养育成人，如今年迈却不能尽孝身前，尤感亏欠，略感欣慰的是姐姐和弟弟能绕父母膝前，年迈父母始能安享晚年，感谢父母养育之恩，感谢姐弟代我尽孝却从不抱怨。感谢岳父岳母在我女儿幼时的悉心看护，对家里的无私照顾。感谢妻子一路陪伴，虽历经风雨，但无怨无悔。女儿年少但很懂事，学习、训练都很积极努力，虽得到的陪伴很少但开朗乐观。家庭是我温馨的港湾，喜怒哀乐都在此靠岸，家庭是我工作生活的动力源泉，敬业爱国促我奋勇向前。

曹利民

2024 年 3 月于宁恩承图书馆

目录

第四章　新时代高校体育政策的政策工具选择

第五章　新时代高校体育政策内容分析

第六章　新时代高校体育政策的优化路径

第一章

新时代高校体育政策优化研究的
核心概念及理论基础

第一节　新时代高校体育政策优化研究的核心概念

一、体育政策

"政策"一词属于外来语，在19世纪末，由日本传入中国[1]。伊斯顿 D.（Easton D.）认为，对全社会的价值通过权威进行分配就是公共政策[2]。拉斯韦尔 H. D.（Lasswell H. D.）是政策科学的主要创立者和倡导者，他把政策看作"一种含有目标、价值与策略的大型计划"[3]。苏竣将公共政策定义为政府、政党及其他社会组织在一定时期为实现特定的政治、经济、文化和社会目标规定的行为准则或采取的政治行动，它是一系列法律、条例、方法、法令、措施、谋略等的总称[4]。政策与体育政策是种和属的关系，国内外学者都对体育政策进行了相关研究。

---

[1] 刁田丁，兰秉洁，冯静.政策学［M］.北京：中国统计出版社，2000.

[2] EASTON D. The political system［M］. New York：Knopf，1953.

[3] LASSWELL H D，KAPLAN A. Power and society: a framework for political inquiry［M］. New Haven：Yale University Press，1970.

[4] 苏竣.公共科技政策导论［M］.北京：科学出版社，2014.

（一）国外学者普遍关注精英体育政策的研究

米克 G.（Mick G.）和巴里 H.（Barrie H.）在《精英体育发展——政策学习与政治倾向》一书中，探讨了现有体育发展中的重要问题，详细分析了精英体育政策在加拿大、澳大利亚及英国的制定与实施情况[1]。考虑到现如今政府与国家体育管理部门正面临建立完备的体育基础设施的问题，该书详细评估了一些特定问题，如设备、教练、运动科学与比赛的设备；同时研究了职业运动员的生活与需求、由争夺精英体育资源的竞争引发的紧张矛盾以及学校与社区的体育设施。总体来说，各国对体育政策的制定与实施都有自己独特的方法。以加拿大为例，推动其体育发展的首要因素是国内对于国家认同的需求与魁北克地区日益增长的分裂主义所带来的政治方面的挑战，其寄希望于通过发展国际体育事业取得的成功来向国际社会展示其国内的团结并增强民族认同感。加拿大联邦政府将资助精英体育作为一项重要工作。加拿大资助一些城市举办重要的国际体育赛事、发展体育器械的另一个原因，是渴望凭借良好的国际形象来增强人们的民族认同感。而澳大利亚一直在优化该国的资源分配。在积极参与国际体育赛事的同时，澳大利亚创造性地培养出了一批优秀运动员，如游泳名将福布斯 C.（Forbes C.）与田径名将赫布 E.（Herb E.）。相比之下，精英体育在英国的发展举步维艰。模式固化的职业体育与其高强度、全天候训练以及需要一流器械，都对精英体育造成了一定的冲击；而且对于英国而言，培养业余运动员只是当下体育系统的一种补充。然而，虽然说体系完美，但是其在国际赛场上取得的成绩并不尽如人意。尽管每个国家在发展精英体育方面都有自己独特的方式，但总体十分相似。精英体育在上述三国遭遇困境的外因，则是国家参与度低，扶持力度不足，这也正是媒体所抨击的。

据道恩 P.（Dawn P.）和约翰 E.（John E.）在《体育教育的政治、政策与实践》一书中的介绍：从 1988 年到 1997 年，英国保守党政府在其制定的大

[1] MICK G, BARRIE H. Elite sport development: policy learning and political priorities [M]. London: Routledge, 2005.

批政策中，史无前例地强调了学校体育教育竞争的必要性。在这期间，教育
与体育教育在内容、形式与目的等方面产生了巨大分歧[1]。事实上，这些政策
企图将英格兰与威尔士完全引入自由体育市场，进而提高教育水平。例如，
1988 年的教育改革法案包含了由政府出资，将英格兰与威尔士两地体育教育
转为国家课程的举措，该举措也是此法案的主要内容。从国家体育课程的长
期发展来看，教育改革法案所体现的利益与价值观成效颇丰，并无政治文化
色彩。国家体育课程旨在实现体育教育的初衷——优化学生的行为、态度、
认知与公民意识。虽说这一初衷在社会上得到了广泛认同，其"体育教育与
运动并无政治色彩"的论调却显得苍白无力，因为体育教育领域的政治色彩
与其他教育领域无异。除了暴露出文化教育与体育教育缺乏中立性的弊端外，
这些政策也向人们展示了区分体育教育与体育运动的重要性。在英国，体育
教育与体育运动之间的关系已经成为教育界、媒体界与政治界的热门话题。
在政治因素与精英体育的利益与需求的双重推动下，区分这二者的目的与体
育教育的实践经验却被有意地模糊化、边缘化。然而，英国发生的事件表明，
这既非竞争的特点与体育教育的初衷，也非教育界彻底的结构性与思想性的
改变。它们体现了文化变革、社会竞技与世界的发展，定义了体育教育和与
之相关的问题；关乎教与学的定义，关乎如何加强其控制因素。同时，它们
也等待着全世界的体育教育从业者将其解决。我们认为，只有对比了当下与
过去，深刻探究了教育、经济与国家间的关系，才能完全理解体育教育。然
而，这本书中，作者却把主要精力集中在当今英格兰与威尔士教育学家与中
央政府之间，关于如何定义学校体育教育和国家体育课程，以及该如何登上
主要地位等问题。

　　据《欧盟体育法律与政策》介绍："欧洲体育法律与政策"这一话题向
来备受争议[2]。目前，无论是在欧盟还是在某个欧洲国家，都没有形成独立
的体育法律。此外，欧盟并不具备发布体育政策的合法权限。有人会问，

---

[1]　DAWN P，JOHN E. Politics，policy and practice in physical education［M］. London：Routledge，
　　　1999.
[2]　RICHARD P. Sports law and policy in the european union［M］. Manchester：Manchester University
　　　Press，2003.

现有的市场体系究竟对体育做了什么？在欧盟体育协议第三章中的欧盟运动列表中，并未找到"体育"二字的身影。然而，第三章明确指出：欧盟将建成货物、人员、服务与资金的自由流动区与合理竞争区。由于体育事业有着无与伦比的商业地位，因此，其运行更须与欧盟协议中的各项条款相一致。正如欧盟的"博斯曼法案"所示，欧盟的法律对体育有着巨大的影响。虽然这句简短的解释无法证明欧盟体育法律存在的必要性，但是它表达了欧盟法律和体育之间紧密的关联性。然而，欧盟政策的范围并不局限于立法。书中提到了欧盟对建设更多体育场馆的需求。为了实现这一愿景，欧盟以体育的形式设立了一系列的社会、文化与教育目标。然而，过度的体育商业化与欧盟层面的法律干涉阻碍了这些目标的实现。从传统意义上来说，体育领域已经发展出一套参与者之间的平衡竞争规则。考虑到欧盟体育商业化的进一步加剧，很多人认为保留这些规则是必要的。然而，诸多此类所谓的有利于竞争的规则却被欧盟认定为不利于竞争的条文，欧盟内部的政策矛盾再一次显露出来。一方面，欧盟承诺了要保护单一市场的合法权益，因此，它在政策方面有着利害关系。利害关系是指欧盟政策与体育领域的公平竞争原则有冲突。另一方面，欧盟对体育有政治与政策倾向，尤其是在事关"人民融合"的计划中。此项调查更关注的是政策矛盾，而这一矛盾已经迫使欧盟做出妥协，并制定出相应的体育政策来解决此问题。

各国对体育政策的制定与实施都有自己独特的方法。精英体育政策在欧美国家得到普遍关注，精英体育资源的设备、教练、运动科学与比赛的竞争引起学校与社区的紧张矛盾。增强民族认同感、提高国际形象是国家资助精英体育的原因，精英体育表现不佳的原因是国家参与度与支撑力度不足。欧盟的法律对体育有着巨大影响，过度的体育商业化与欧盟层面的法律干涉阻碍着"人民融合"目标的实现，因此，欧盟需要制定出更多协调的体育政策来解决体育的政治与政策倾向性问题。

（二）国内学者多关注体育法治、体育公共服务、体育产业等政策的研究

为深入研究高校体育政策，需梳理其上位政策之一的体育政策的研究现状。目前体育政策的研究虽然呈现增长趋势，但是仍处于研究领域分散的以学术个体研究为主的阶段，尚未显现研究成果的标志性特征。本研究从体育法治研究、体育公共服务政策研究、体育产业政策研究方面来厘清体育政策的研究现状。

1. 关于体育法治的研究

体育法治是我国法治国家和法治社会建设的有机组成部分，体育法治建设既是体育事业发展的重要内容，又是促进体育事业健康有序发展的重要保障。马宏俊等学者在肯定《中华人民共和国体育法》（以下简称《体育法》）颁布实施成就的基础上，建议修订《体育法》，科学规范梳理大众体育、学校体育和竞技体育的法律概念，增加体育产业内容，明确职责、完善法律责任；探讨了七个体育规则中公平性的基础理论问题；建议从四个方面开创体育法治新局面，实现体育治理体系和治理能力现代化。

《体育法》是指导我国体育事业发展的基本纲领，许多专家学者对此进行了研究探讨。马宏俊等在肯定体育法颁布实施成就的基础上提出，要从实际出发，坚持依法治体的基本方针，树立从行政管理法转变为权利保障法的修法理念，建议采用修订方式对体育法进行修改，明确体育法的调整对象，界定主管部门职责，修订基本原则，完善体育行政执法体系，对大众体育、学校体育和竞技体育等方面实际的法律概念进行科学规范和梳理，明确体育社会团体的法律地位，新增体育产业等内容，完善法律责任[1]。刘作翔主要对体育法能否成为独立的法律体系；"体育行业法"能否成为一个新的划分概念；体育法治新思维，体育规范体系的概念和结构；体育法中的授权规范分析；体育组织能否成为行政诉讼被告；奥运会临时仲裁机构对发生在奥运会期间的争议进行仲裁是否意味着国家司法权的让渡；如何理解体育规则中的公平性七个基础理论问题进行了研讨。对以上问题的研究不仅有助于深化和丰富

[1] 马宏俊，袁钢.《中华人民共和国体育法》修订基本理论研究［J］.体育科学，2015，35（10）：66-73.

体育法治理论研究，还对于体育法律实践具有启示作用[1]。马宏俊认为，开创体育法治新局面应从以下四个方面做起：一是要以修改体育法为龙头，为体育法治体系建设奠定基础；二是要建立国家体育总局协调指导、地方体育行政部门和专门执法部门并存的专业执法队伍，实现严格执法；三是要建立机构，明确职责，形成完善的监督体系，确保法律的正确实施；四是要注重体育普法和体育法律服务质量评估。同时，马宏俊从四个方面阐述了体育治理体系和治理能力现代化：第一，把握思想传承，注重新变化；第二，做好新规划，绘制新蓝图；第三，完善体育法律制度建设；第四，促进体育领域协同治理。

2. 关于体育公共服务政策的研究

体育公共服务体系建设是一项惠及全民体育文化和身体健康的系统工程，部分学者的研究结果显示，我国体育公共服务体系建设表现出法律缺失、体制弊端、城乡差异、区域差异、认知困境。通过研究英美发达国家青少年体育公共服务体系顶层规划与实施路径，本研究认为应构建我国高质量青少年体育公共服务体系，完善体育支援制度和规划，加强贫困地区体育支援制度构建，优化决策主体，将人民群众纳入决策体系，达成多主体之间、公共服务政策和竞技体育政策之间的协同，满足不同群体的个性化公共体育服务需求。

马宏俊认为，由于我国体育事业发展力量薄弱，政府在建设体育公共服务体系的过程中有诸多障碍，主要表现为三大困境：一是政府体育公共服务体系建设法律的缺失；二是体育领域传统行政管理体制的弊端；三是在体育公共服务方面存在着城乡差异、区域差异的背景下，政府如何贯彻基本公共服务平等、公平的理念。他针对以上三大困境，分别提出了相应的对策[2]。胡雅静、柳鸣毅、闫亚茹等以英国和美国为例，从政策制定主体和内容方面探究发达国家对青少年体育公共服务的顶层规划与实施路径。研究发现，发达国家青少年体育公共服务体系由创建层级分明的组织体系、选择符合青少年

[1] 刘作翔.体育法治若干基础理论问题研究［J］.天津体育学院学报，2020，35（3）：249-254.

[2] 马宏俊.政府体育公共服务体系法律规制研究［J］.体育科学，2013，33（1）：3-9.

特征的运动项目、组织融合身体素养的体育活动、构建校内校外体育活动参与机制、打造以体育主题公园为特色的场地设施以及通过融通共建培养精英人才所构成。我国青少年体育公共服务体系在强化政府的主体职责和服务职能的基础上，应以营造良好公共服务环境、优化组织服务能力和创造高质量公共服务为导向，以开放理念对政府、社会和市场的职责分工进行重构，以治理创新为目标处理好校内与校外、体育与教育、身体素养与终身体育的关系，以社会责任为己任，引导市场机构参与青少年体育公共服务的供给，从而构建我国高质量的青少年体育公共服务体系[1]。为落实精准扶贫思想，完善体育支援制度和规划，王科飞、张丽梳理了我国贫困地区公共体育服务支援的政策和理论，分析了现有政策存在的问题和不足，提出了新时代加强贫困地区公共体育服务支援制度构建的原则、方法和现实措施[2]。李屹松认为，在制定公共体育服务供给政策时，应将人民群众纳入决策体系，优化决策主体；针对公共体育服务政策执行主体多、执行主体间协同性弱、执行难度大这一难题，应明确各执行主体的职责和义务，同时明确各执行主体间的联络和沟通机制；在优化公共体育服务政策监督主体时，除行政监督外，还应将第三方机构纳入监督主体体系，并主动接受舆论监督和社会监督；在优化政策主客体间协同性时，既要注意均等性，又要兼顾适宜性，从而更好地满足不同群体的个性化公共体育服务需求。此外，还应考虑到公共体育服务政策与竞技体育政策等其他政策的协同性[3]。

3. 关于体育产业政策的研究

体育产业在我国虽然起步较晚，但是发展迅猛，对推动经济发展的作用日益显现。成果的取得离不开政府与大众对体育产业的认识及体育产业政策的引领。因此，对体育产业政策的研究也受到众多学者的关注。部分学者运

[1] 胡雅静，柳鸣毅，闫亚茹，等. 发达国家青少年体育公共服务体系研究［J］. 体育科学，2019，39（12）：25-33.
[2] 王科飞，张丽. 我国公共体育服务支援政策梳理与制度构建［J］. 浙江体育科学，2019，41（6）：1-5.
[3] 李屹松. 政策协同视角下公共体育服务政策优化路径研究［J］. 北京体育大学学报，2019，42（7）：74-84.

用倡导联盟框架理论，从政策工具和创新价值链双重维度以及宏观政策、经济政策、体育政策着手，论证了我国体育产业政策包括政府主导联盟和社会联盟两个子系统，政策学习是体育产业政策变迁的主要方式，两个联盟基本形成了一定的共识。体育产业发展过程中出现的市场失灵，可以用体育产业政策工具弥补，要破除体育产业发展瓶颈，加强青少年体育培训产业治理策略，推进全民健身和体育产业与体育消费双向需求，促进健身消费和相关产业融合，构建"放、管、服"体育产业发展政策体系。

杨金田、赵越强、贾文彤运用倡导联盟框架理论对我国体育产业政策变迁进行分析，认为我国体育产业政策子系统包括两个倡导联盟：一个是政府主导联盟，另一个是社会联盟[1]。政策学习是体育产业政策变迁的主要方式，其中以政府主导联盟的内生性学习为主，兼顾两个联盟间的学习。政府官员在体育产业子系统中既是联盟倡导者又是政策经纪人，应充分发挥其作为政策经纪人的功能。专业论坛作为沟通、交流的平台需要进一步拓宽、完善。在我国体育产业发展过程中，政府主导联盟和社会联盟形成了一定的共识。徐成立、张宝雷、张月蕾等认为，体育产业政策工具是弥补体育产业市场失灵，加快赶超步伐，促进体育产业结构合理与高度化以及破除体育产业瓶颈效应的途径、手段和措施。他们基于政策工具 X 和创新价值链 Y 这两个维度对国家层面现行有效的 46 份体育产业政策文本进行内容分析，按照政策文本的选择、二维分析框架的构建、编码分类和统计分析等步骤逐一展开，深入剖析政策工具的使用、内容、组织搭配及意图，探讨我国体育产业政策的变迁及特点，明确我国体育产业政策存在的问题[2]。柳鸣毅、胡雅静、孔年欣等从宏观政策、经济政策和体育政策三个层面研究中国青少年体育培训产业治理策略，分析认为，优化经济结构可以大力推动健康服务产业发展，应通过刺激消费升级、创造服务业发展新机遇以及体育治理改革引导体育服务产业发展方向。在面对主体政策缺位、人力资源缺失和能力建设缺乏等治理困境

[1] 杨金田，赵越强，贾文彤. 从倡导联盟框架理论看我国体育产业政策变迁［J］. 经济与管理，2020，34（5）：88-92.

[2] 徐成立，张宝雷，张月蕾，等. 中国体育产业政策文本研究——基于政策工具和创新价值链双重视角［J］. 中国体育科技，2021，57（3）：58-66.

的背景下，他们从宏观、中观、微观和功能创新四个层面提出治理策略，即构建放、管、服青少年体育培训产业发展政策体系；构建多元化青少年体育培训机构融合发展的治理体系；构建各类教练员和体育教师参与共治的服务体系；构建以培训为核心延伸多元产业业态的数字体系[1]。刘琨通过对全民健身与体育产业在体育消费市场上产生的供需关系的分析，准确把握全民健身与体育产业协同发展的现实困境与政策选择。全民健身与体育产业的协同发展面临的现实困境主要表现为体育消费市场供需错位，抑制体育健身消费需求的转型升级；体育服务业发展质量不高，影响全民健身消费规模的扩大；体育消费市场未能有效发挥在健身资源配置中的应有作用；等等。在新形势下，需通过不断优化全民健身消费相关产品和服务的供需结构，围绕健身消费市场做好全民健身与体育产业的政策衔接，以及出台政策以促进健身消费领域相关产业融合[2]。

　　基于以上对国内学者体育政策研究的梳理，可以发现在体育法治研究、体育公共服务政策研究、体育产业政策研究等领域，不同学者根据各自的研究旨趣取得了相应的研究成果，总体表现出定性与宏观研究较多、定量与微观研究较少的现状。

（三）体育政策的含义

　　目前，学界对体育政策的认识和理解尚未达成共识，张文鹏博士将学者们对体育政策的界定总结为两种观点：第一，体育政策是国家制订的计划或策略。例如，洪嘉文认为，体育政策是指"政府为达成国家体育目标所制定的各种有关推动体育发展的指引方针、计划或策略"。第二，体育政策是国家制定的规范和准则。例如，王曙光、李维新、金菊认为，体育政策是指"国家制定的开展体育活动和促进体育事业发展的规范和准则"，并将体育政策理解为由政党和政府及其他组织在一定时期内为达成某种体育目标所

[1] 柳鸣毅，胡雅静，孔年欣，等．新时代中国青少年体育培训产业政策机遇与治理策略［J］．天津体育学院学报，2021，36（1）：12–19.
[2] 刘琨．全民健身与体育产业协同发展的现实困境与政策选择［J］．西安体育学院学报，2020，37（4）：465–469.

制定的指导方略和行动计划[1]。结合张文鹏博士对体育政策的梳理和认识，笔者根据自己对政策概念的理解，将体育政策界定为政党、政府或其他社会组织在一定时期内，为达成体育领域内的某种体育目标而制定的行动依据和准则。

二、高校体育政策

高校体育是教育的重要组成部分，高校体育政策是体育政策与教育政策的综合体。前文描述了体育政策的相关研究与含义，要把握高校体育政策的含义，还需了解教育政策的相关研究。

（一）国外关于教育政策的研究

在国外，学者们对教育政策理论与实证方面都进行了相关研究。教育政策的过程、教育政策的价值是理论研究的主要内容，教育改革与教育政策文本的研究是实证研究的主要维度。

教育政策的过程是教育政策分析的一种活动。在制定高等教育政策时，尼尔 M.（Neil M.）研究了澳大利亚的高等教育政策规划，认为与利益相关者进行广泛协商是多数西方国家政府的普遍选择；相反，政策结果和决策方式也受到协商机制本身的影响。澳大利亚的高等教育政策经历了三个发展阶段，分别是稳定的"政策社群"、系列教育改革、不稳定的"议题网络"[2]。为了满足具体而特殊的需要，辛迪 L. S.（Cindy L. S.）研究教育政策的局部控制与实施变化情况，认为教育政策应允许学校、独立社区、个人在政策空间范围内进行合理适当的解释，并尽量表明具体范围，而具体领域内的变化是重点，并适当满足地方需求。为适应系统性变化的结果需要改革模式，这也与政策执行文化相符[3]。在美国，《不让一个孩子掉队法案》（*The No Child Left Behind*

---

[1] 张文鹏. 中国学校体育政策的发展与改革研究 [D]. 武汉：华中师范大学，2015.

[2] Neil M. Policy communities, issue networks and the formulation of australian higher education policy [J]. Higher Education, 1995, 30（3）：273-293.

[3] SIMS C L. Local variation in policy implementation：the case of standards-based education reform [D]. University of Colorado at Denver, 1999.

Act of 2001，NCLB）对教育政策转变具有重要作用。珍妮 O. B.（Jeanene O. B.）研究了美国联邦立法的技术假定和内在价值，寻求对学校产生某种影响的教育政策及其技术构成。认为实施 NCLB 后，从教师培训、课堂组织、学生评价、教育教学到地方管理等方面的教育实践都正在发生变化或已经改变[1]。

国外学者研究教育政策的逻辑起点是教育政策的价值。迈克尔 A.（Michael A.）研究课程政策的价值后认为，课程即政策的一种表现，无论课程的政治存在是否被教育者意识到。这说明了教育是一种政治活动，而非一项中立事业[2]。对于这种观点，肯恩 J.（Ken J.）认为影响英国课程政策的因素来自"保守党的现代化"这一进程的多个方面，明显表现在课程政策的价值取向上。丹尼尔 T.（Daniel T.）和劳雷尔 T.（Laurel T.）研究了美国的学校课程后认为，美国 1980 年以前的课程政策价值取向是服务社会现实、坚持效率至上[3]。美国各州课程标准向国家统一标准的转向和课程政策的自由主义向保守主义的转变开始于小布什推行的 NCLB 法案。美国课程政策的价值取向，使联邦政府的课程控制权得到进一步强化，解决了美国各州标准长期不统一引起的学业差异，用政策和法律的支持实现各州教育权平等，增强美国教育的竞争力。

世界一体化和经济全球化促进了教育的国际交流与发展，教育产业已经成为西方发达国家经济收入的主要来源之一。所以，国外学者关于教育政策的研究，在国际比较、国际化及其途径和特点等方面也有所侧重。

在《国际高等教育政策比较研究》中，荷兰学者弗兰斯·F·范富格特（Frans Van Vught）对英国、法国、德国、美国等 10 个国家的高等教育政策进行比较，列举了各国以下几个方面的政策：政策手段，高等教育结构、教育计划、系统的多样性，质量与责任制及其转变的状况，高等教育系统的经营、管理和权力。弗兰斯·F·范富格特认为高等教育政策无法预言，未来依然

---

[1] JEANENE O B. 13 ways of looking at a blackbird：politics，policy，and power of technology in no child left behind［D］. Stillwater：Oklahoma State University，2004.

[2] MICHAEL A. Ideology and curriculum［M］. 2nd ed. New York：Routledge，1990.

[3] DANIEL T，LAUREL T. History of the school curriculum［M］. New York：Macmillan Publishing Company，1990.

会发生巨大转变。维持最好的状态是根据以往的经验提出些许尝试性的假设，推定复杂的高等教育系统未来方针[1]。加拿大多伦多大学教授奈特（Knight）认为，高等教育要迎接全球化挑战，赶上形势发展的要求，适应经济、社会和劳动力市场，这也是高等教育国际化要做的系统工作。他的深入研究，诠释了高等教育面临的挑战及国际化的途径和特点。在《出国留学对于教育效力的贡献——基于现今和未来的考虑》中，英国学者萨蒙斯（Summers）着重指出，由于每个国家出国留学政策的侧重点不同，倡导对不同国家教育政策进行比较研究，并提出促进教育竞争力提高的有效途径之一是出国留学。在《教育国际化——从个体创新到国家政策的转变》中，美国学者桑德斯（Sanders）指出，在经济全球化大潮的影响下，实现教育政策国际化成为当务之急，以此促进教育走向国际、走向世界。

（二）国内关于教育政策的研究

党的十三大首次提出"百年大计，教育为本"，凸显了教育在新中国改革开放发展中的地位和作用。因此，每项教育政策的颁布和实施都会引起全社会的广泛关注，教育学界许多学者的关注度尤为明显，他们对教育政策的基础理论和实践应用等方面进行了深入研究，基本形成了具有较高学术价值的研究成果。

什么是教育政策？教育政策的基本属性有哪些？教育政策执行遇到了什么问题？这些都是教育政策基础理论研究首先要回答的问题。史万兵在《教育行政管理》一书中介绍了教育政策的特点、含义，认为教育政策的内容、过程、价值分析是教育政策分析的内容，并进一步论述了教育政策与教育法规的关系：二者既有区别又有联系，教育法律关系主要是教育法规调节，比教育法规调节范围更广泛的是教育政策[2]。政策主体追求教育利益、控制教育资源的活动被称为教育政策。政策主体控制教育资源，追求教育利益产生和形成教育问题。在教育政策尝试解决此类问题的过程中，基本的一系列的价

[1] 范富格特.国际高等教育政策比较研究［M］.王承绪，等译.杭州：浙江教育出版社，2001.

[2] 史万兵.教育行政管理［M］.北京：教育科学出版社，2005.

值关系在价值要素之间形成，这是刘复兴在《教育政策的价值系统》中阐述的观点[1]。刘复兴在《教育政策的边界与价值向度》中论述道，教育政策属于公共政策，用于调整教育范围内的社会关系和社会问题，由政府、公共机构及其官员制定而成。从广义上讲，教育政策分为两个部分：一是法律化教育政策，二是非法律化教育政策[2]。郑玉飞认为，教育政策具有刚柔并济的特征，政策特征决定政策过程，不同的特征需要采用不同的执行方式，教育政策执行中常见的变通、偏差、失真等执行后果，部分源自政策执行方式与政策特征不匹配，可从法律法规、组织协调方面予以考虑[3]。

在政策研究中，价值是一个不可回避的重要领域。价值问题本质上是一个选择性的问题，在政策制定和实施的全过程中，价值既体现着对人某种需求的满足，又体现着人对某种需求的主动追求。劳凯声、刘复兴认为价值基础的客观依据是教育政策活动主体相互作用所形成的关系和基本问题。"以人为本""教育平等""效益优化""可选择性""多样性"等价值取向是我国当代教育政策建立的基础[4]。祁型雨、李春光认为，教育政策价值是教育政策理论与实践最根本、最核心的问题[5]。近年来，我国制定和实施的一系列教育政策还存在着诸多问题，其原因是我国尚缺乏对教育政策价值观的思考。从主体需要来说，我国未来的教育政策要适当扩大教育政策主体范围，兼顾多种利益，重视直接利益相关人的利益。从客体属性来说，我国未来的教育政策要重视其公共性，提升合理性，加强协调功能，做到政治性与公共性的统一，合法性与合理性具体的、历史的统一，管理功能与协调功能并重。从效应关系来看，我国未来的教育政策要提升其内在价值，重视应然价值、隐性价值，做到外在价值与内在价值的统一、实然价值与应然价值的统一、显性价值与隐性价值的统一。

[1]　刘复兴. 教育政策的价值系统［J］. 清华大学教育研究，2003（2）：6-13.
[2]　刘复兴. 教育政策的边界与价值向度［J］. 清华大学教育研究，2002（1）：70-77.
[3]　郑玉飞. 论教育政策的柔性执行［J］. 教育发展研究，2021，41（1）：64-71.
[4]　劳凯声，刘复兴. 论教育政策的价值基础［J］. 北京师范大学学报（人文社会科学版），2000（6）：5-17.
[5]　祁型雨，李春光. 我国教育政策价值的反思与前瞻［J］. 现代教育管理，2020（3）：29-35.

教育政策的研究范式对于教育政策的分析与研究活动、实践活动具有重要意义，只有建立新的研究范式才能适应新的政策环境。刘复兴认为在社会转型与公共教育权力转移的背景下，教育政策活动范式和教育政策分析范式的转变是一个根本性的问题。只有教育政策转向新范式，社会背景和政策环境中出现的新问题才能得以解决。因此，应从权力博弈和制度分析视角进行教育政策分析，应将公民在政府、市场和公民社会之间的权力博弈机制引入教育政策活动[1]。孙绵涛、冯宏岩认为，教育政策研究范式是具体的研究要素，即研究主体、研究内容、研究过程、研究方法与研究方法论的有机结合。其中，研究方法论包括直接方法论和间接方法论。直接方法论对教育政策研究范式起着直接的支撑作用，间接方法论是间接支撑教育政策研究范式的方法论[2]。新范式方法论也为教育政策研究范式提供了间接方法论基础。

教育活动中的决策者和学者共同意识到社会发展要求改变教育活动中"决策文化"与"学术文化"两分的状况，即教育政策的制定脱离研究背景、缺乏理论支撑，教育理论的研究脱离现实要求、缺乏应用价值。袁振国在《深化教育政策研究　加强两种文化交流》中对政策议题确定、政策决定、政策执行、政策评估进行了翔实的论述[3]。世界上很多国家在当代的教育改革中非常重要的政策选择是将市场机制引入教育领域。市场机制介入教育领域改革，在我国的教育改革发展进程中已经成为现实。教育领域内市场因素的介入使教育政策存在的环境产生根本性的变化，因此，教育政策之功用、政府角色之变化需要进行重新审视[4]。对于建立公共教育机构多样化，刘复兴的观点是市场因素只能有限介入教育领域，应引入公平竞争与自主选择机制[5]。解决教育范围内不公平现象的基本路径是教育政策和教育制度创新。

教育政策内容分析，就是运用一定的步骤和标准，对教育政策文本中的

[1] 刘复兴.论我国教育政策范式的转变 [J].北京师范大学学报（社会科学版），2004（3）：15-19.
[2] 孙绵涛，冯宏岩.教育政策研究范式及其方法论探析 [J].现代教育管理，2020（2）：17-24.
[3] 袁振国.深化教育政策研究　加强两种文化交流 [J].中国教育政策评论，2001（0）：7-16.
[4] 程斯辉.教育公平与国家安全 [J].湖北教育，2003（18）：46-47.
[5] 刘复兴.我国教育政策的公平性与公平机制 [J].教育研究，2002（10）：45-50.

政策规范进行分析。教育政策内容分析一般有三个步骤：第一步是对教育政策文本中的政策规范进行全面系统和准确的考察；第二步是确立教育政策内容分析的标准；第三步是运用这些标准对教育政策文本中的政策规范进行对比分析[1]。孙绵涛认为，研究专业化的教育政策分析是教育政策科学和教育政策实践改革发展的需要[2]。与一般的教育政策分析相比，专业化的教育政策分析在含义上有比较严格的定义，它是教育政策分析的主体，是采用专门的分析技术和方法，对教育政策的内容、过程、环境和价值进行判断，从而改进教育政策的一种活动。专业化的教育政策分析在分析内容上比较全面，包括教育政策的内容分析、过程分析、环境分析和价值分析；在分析工具上有比较成形的步骤和有效的方法，包括全面收集和整理分析教育政策资料，提出并论证教育政策分析标准，根据标准对整理出的文献资料进行分析。

　　教育政策工具是实现教育政策目标的手段或方式，对教育政策进行评价能发现教育政策的优劣，优化之后能更好地促进教育政策目标的实现。胡耀宗、马立超在系统分析的基础上构建了教育政策工具配置模型，这一分析框架为阐释政策工具配置的层次性和嵌套性、提升政策工具配置的科学性与实效性提供了新的逻辑思路。其研究认为，教育政策工具配置可以嵌入生态环境系统、政策循环系统和工具操作系统等三种不同层次的系统网络中。外部宏观环境由刚性制度前提、硬性物质基础、软性约束条件构成，政策生命周期塑造着教育政策工具的配置方式，工具操作层面的教育政策工具配置微观运作系统受到决策主体、政策执行者、政策工具对象以及政策工具本身的制约[3]。刘彦林从研究视角、类型、评价理论等方面对提升教育政策评价研究质量、提高教育政策科学性、促进教育政策实践进行研究，认为我国教育政策评价研究具有如下特点：在研究视角上，注重政策绩效、实施效果评价；在

[1]　孙绵涛.关于教育政策内容分析的探讨——以中国 1978 年后教育体制改革政策内容的分析为例［J］.教育研究与实验，2007（3）：39-45.
[2]　孙绵涛.专业化教育政策分析探讨［J］.教育研究，2017，38（12）：22-28.
[3]　胡耀宗，马立超.基于系统分析的教育政策工具配置模型构建［J］.现代教育管理，2021（2）：48-54.

研究类型上，实证类研究取得了长足发展，但研究方法和数据质量仍需进一步完善和提升；在评价理论上，已经逐步从直接借鉴和引用阶段转向改造应用阶段，但仍需加强创新性，未来应由政府主导，借助信息化技术丰富政策研究的数据基础，拓展评价视角，加强评价人才储备，增强独立第三方机构在教育政策评价中的作用[1]。

综上所述，我国关于教育政策的研究取得了多方面显著成果。学者们在借鉴西方教育政策研究的基础上，结合实际，对教育政策的概念进行了界定，总结了教育政策的特征，明确了教育政策分析的内容、过程和价值。随着政策背景和政策环境的变化，要在教育政策中引入博弈机制和市场机制，促进公平竞争与自主选择，用教育政策和教育制度创新解决教育系统内的不公平问题。在教育政策分析活动中，采用新的研究范式，制定相应规范和标准，能更好地对教育政策内容进行分析。专业化的教育政策分析有严格的定义，内容比较全面，有专业的工具和研究方法。其在系统分析的基础上构建了教育政策工具的配置模型，并从研究视角、类型、理论等方面提升教育政策评价研究质量。尽管如此，关于教育政策的研究，仍需在理论支撑能力、研究视角的多点切入、研究方法的适切性等方面进一步加强。

（三）国外关于高校体育政策的研究

高校体育政策相对具体，国外学者在此方面的研究以实践研究为主。金M. S.（Kim M. S.）与卡丁诺 B.（Cardinal B.）在《大学生体育教育政策中必修课与选修课动机的差异》[2] 一文中，为检验制定不同体育活动教育（Physical Activity Education，PAE）政策安排（必修与选修 PAE）的大学之间学生体育活动动机、能力与每周运动代谢当量的差异，通过调查问卷，评估了参与者的运动动机、能力和每周运动代谢量。结果表明，与非必要的 PAE 政策相比，必要的 PAE 政策能让更多的学生在制定决策过程中的参与度降低。这一发

[1] 刘彦林 . 我国教育政策评价研究现状分析［J］. 教育评论，2021（2）：58-65.

[2] KIM M S, CARDINAL B. Motivation difference between compulsory courses and optional courses in physical education policy for college students［J］. Journal of American College Health, 2018, 67（3）: 207-214.

现表明，必要的 PAE 政策的主要价值在于它能够接触到动机较低的学生。参加高校体育组织是大学生主要的课余生活方式，而不同性别的学生对体育活动持有不同的看法。佐勒 S.（Soler S.）和普拉特 M.（Prat M.）等学者在《在高校体育组织中实施性别平等政策：从热情到抵制的竞争话语》[1]中指出，近几十年来，在体育领域，关于性别的政策在大多数国家都取得了显著发展。然而，体育组织中，这些政策的执行并不是一个自发的过程，需要借助外力。这篇文章探讨了将性别平等政策应用在大学体育组织中将会如何。作者开展了为期四年的参与性行动研究，目的是提高妇女的参与度，并探索目标行动者对公平行动的看法和想法。分析显示了具体促销活动的参与人数，并揭示了工作人员的一系列反应，从充满热情、产生兴趣到进行抵制，甚至产生恐惧。性别平等的实现频频受阻，这应该引起我们足够的重视。该文章指出，针对某些形式的抵制，应采取积极的准备措施。

在高校中，大学生运动员的身份备受瞩目。孔代洛（Condello）和詹卡洛（Giancarlo）等学者在《精英大学学生和运动员的双重职业：国际体育联合会 – eas 调查》中指出，运动员有权将其运动生涯和高等教育生涯（如双职业）结合起来，但在世界的不同地区，学生运动员身份的认可度与双职业的适用性都存在差异。该项研究招募了参加 2017 年世界大学生夏季运动会的学生运动员，对包括人口统计特征、体育和大学参与度、学生运动员的知识储备以及双职业的可能信息来源在内的 31 项在线调查进行了回应，对在个人、运动和学术水平上的双重职业表示支持。来自非洲、美洲、亚洲、欧洲和大洋洲的 426 名受访者参加了 22 个不同的项目。各大洲之间的差异体现在运动、大学参与度及从家到训练场地之间耗时的长短方面。学生运动员个体相比运动员与团体，表现出了更高的体育参与度。不同的大学专业，也表现出了不同的参与度。调查结果显示，大多数受访者并不了解"双职工"计划，公共部门计划在大学内针对体育水平实施国家"双职工"政策。在个人、体育和

[1] Soler S, Prat M, PUIG N, et al. Implementing gender Equity policies in a university sport organization: competing discourses from enthusiasm to resistance［J］. Quest, 2017, 69（2）: 276–289.

大学层面，调查者发现了多个对双职业持支持态度的主体，主要是父母和教练员。为了提高未来学生运动员的潜力，需要借助决策者、从业人员和大力支持双职业者（如父母、教练员和大学体育工作人员）的力量，在若干利益关联方之间建立一个双职业网络。

跨性别参与大学体育运动是一种特殊的社会现象，凯瑟琳 P.（Catherine P.）在《超越二元思维：跨性别参与大学体育运动的障碍》[1]中指出，体育运动是英国大学生活的重要组成部分，学生们可能会体验全新的运动。研究表明，参加体育运动与心理健康和就业前景密切相关。尽管大学体育运动有其积极的意义，但是如果模拟更加广泛的体育实践，那些非规范主体很可能遭其排斥与抵制，其中包括上文提到的跨性别参与者。跨性别参与者在体育领域的遭遇仍十分有限，据现有的研究表明，一系列的抵制行为并不罕见。然而，目前上述做法中有多少为英国大学体育体系所借鉴尚未可知。作为关于LGBT+（是一个缩写词，包含女同性恋者 Lesbian、男同性恋者 Gay、双性恋者 Bisexual、跨性别者 Transgender）在英国大学体育运动中的包容性研究的一部分，其以学生会官员和 LGBT+ 学生为目标群体进行了研究，其中有一名学生认为自己是跨性别参与者。数据来自这些学生与官员的观点，他们建议可以采取进一步的行动，以确保大学运动是具有包容性的。这项研究可能对学生会、大学体育社团和其他负责体育用品供应的机构有所帮助，以增强对所有人的适用性。

高校体育中的师资政策涉及大学教师的教职生涯和晋升，因此同样受到重视。伊丽莎白 P.（Elizabeth P.）在《旧的与新的并存：一个大学系修订终身教职和晋升政策的经验》中指出，师资政策尽管已经存在了几十年，但针对大学教师教职生涯与晋升的政策往往不够明确。这些政策往往含糊不清，解释又复杂多样，为教师营造出十分紧张的工作环境。作者记述了西肯塔基大学（Western Kentucky University）运动机能学、娱乐与体育学系的成员们是如何修改他们的终身职位、晋升政策及更明确的师资政策、指导方针。

---

[1] CATHERINE P. Thinking beyond the binary: barriers to transgender participation in college sports [J]. International Review for the Sociology of Sport, 2019, 56（1）: 81-96.

国外对高校体育政策的研究并不多见，相比于高校体育政策的理论研究，实践研究更受学者们的青睐。研究内容基本包括高校体育课程性质的规定、高校体育组织中的性别平等政策、高校竞技体育以及大学生运动员双重职业身份的认知、高校体育教师终身教职和晋升政策等高校体育的主要内容，为本研究提供了许多参考。

（四）国内关于高校体育政策的研究

金慧侠通过对高校的"阳光体育运动"的调查发现，体育政策阻滞是目前我国高校体育政策执行中普遍存在的现象，高校体育政策执行中的阻滞现象影响了高校体育运动的发展，形成了瓶颈。要通过调查研究，找出相应的解决办法，以保证高校体育运动的开展，同时促进大学生体质健康的良性发展[1]。罗敦雄在《"阳光体育"的公共政策性质及其现实意义》一文中指出"阳光体育"具有公共政策性质，要从公共政策理论高度认知"阳光体育"政策，还简要阐明了公共政策的含义，界定了学校体育政策的概念，这对推动学校体育工作健康发展、促进和谐校园建设、增强青少年体质、促进社会经济发展及社会和谐安定具有重要意义[2]。田翠兰、胡旭忠通过对高校体育政策执行情况的研究发现，我国高校体育政策法规执行偏差的具体表现为选择式执行、机械式执行、延迟式执行、应付式执行，偏差的原因为执行主体的多元化利益冲突、目标群体的自身价值取向、政策内容本身的真理性与合理性、政策法规的执行环境缺失等几个方面，最后提出高校体育政策必须依靠强制性执行，通过执行主体的多元利益选择、提升政策执行能力、完善政策内容、强化执行环境等手段，解决执行偏差问题[3]。张俊针对福州市大学城高校在执行学生体质健康政策时存在的体质健康政策本身、执行组织机构、执行目标群

[1] 金慧侠.以"阳光体育运动"为例对高校体育政策执行阻滞问题调查研究［J］.科技展望，2016，26（36）：354.
[2] 罗敦雄."阳光体育"的公共政策性质及其现实意义［J］.吉林广播电视大学学报，2014（1）：69-70.
[3] 田翠兰，胡旭忠.高校体育政策法规执行偏差及归因分析［J］.吉林体育学院学报，2016，32（4）：84-88.

体、执行环境等方面的问题，提出以下七点改进策略：第一，完善学生体质健康政策体系；第二，加强执行组织部门沟通建设，减少政策执行阻碍；第三，巧妙运用政策执行工具，增强政策执行效力；第四，完善政策检查和监督机制，并加强有效控制；第五，提高执行目标群体对政策的重视度；第六，提高执行目标群体的专业能力；第七，加强政策宣传和各高校体育基础设施建设，塑造良好的执行环境[1]。朱二刚、陈晓宏、武展对我国高校体育政策执行偏差的表现、原因及纠正策略进行系统分析。研究发现，高校体育政策频繁颁布却没有发挥应有的效力，在具体执行中出现了方式僵化、角度偏离等偏差现象；分析认为，高校体育地位边缘化是其环境障碍，体育伤害事故归责不明是其直接诱因，多方利益不均衡是其根本动因。为此，他们提出政策执行偏差的纠正策略：狠抓体育课质量，切实提升高校体育的地位；切实执行体育风险防控，厘清学校体育伤害事故的责任认定；多渠道拓宽、优化政策执行资源和环境，提升体育政策的执行效力；提高政策目标层次，协调政策执行中多元主体的利益[2]。张占营认为，对于目前我国高校体育政策执行面临的机遇和挑战，可从以下几方面进行政策执行的改善：凝聚有关主体对于政策执行的价值共识，提升政策宣传力度；拓宽政策执行所需资源渠道，保障执行物质准备；优化组织结构，提升体育工作效率；健全工作机制，增强政策科学程度；优化沟通方式，协调利益矛盾解决；改进评价方式，进行激励机制建设[3]。

政策执行研究是政策过程研究的重要内容，部分学者对高校体育政策执行进行了相关研究。高校体育政策执行阻滞与偏差现象普遍存在，受政策主体利益、政策环境、目标群体价值取向等因素的影响，表现为应付式执行、延迟式执行、机械式执行、选择式执行等方式。因此，要解决高校体育政策执行偏差与阻滞，就需增强政策科学程度，巧妙运用政策工

[1] 张俊.基于史密斯模型的学生体质健康政策执行研究——以福州市大学城高校为例［D］.福州：福建师范大学，2018.
[2] 朱二刚，陈晓宏，武展.高校体育政策执行偏差的表现、原因与纠正策略［J］.石家庄学院学报，2019，21（6）：38-43.
[3] 张占营.《全国普通高等学校体育课程教学指导纲要》实施以来高校体育政策执行过程研究［D］.天津：天津体育学院，2020.

具，协调解决矛盾冲突，提高宣传力度，健全工作机制，改善政策执行的环境。

（五）高校体育政策的含义

教育法将我国学校教育制度分为学前教育、初等教育、中等教育、高等教育。高等教育法中的高等教育，是指在完成高级中等教育的基础上实施的教育。国家根据经济建设和社会发展需要，举办高等学校（简称"高校"），培养具有社会责任感、创新精神和实践能力的高级专门人才，与生产劳动和社会实践相结合，使受教育者成为德智体美等方面全面发展的社会主义建设者和接班人，为社会主义现代化建设服务，为人民服务。

体育法将我国的体育分为学校体育、社会体育、竞技体育。其中，学校体育是以增强学生体质、传递体育文化为目的的教育过程，它是计划性、目的性、组织性比较强的体育教育活动。在我国的学校教育中，体育教育贯穿始终。本研究所指的高校体育，是普通高等教育中的体育教育，而非体育专业的高等教育。

教育政策是政党、政府等政治实体在一定历史时期，为了实现一定的教育目标、完成一定的教育任务来协调教育的内外关系所规定的行动依据和准则[1]。作为政策、教育政策的下属分支，高等教育政策的外延较为狭小。赵智兴、段鑫星将高等教育政策理解为决策系统各参与主体价值取向相互冲突与妥协的过程和结果[2]。

目前，学者对高等教育政策、体育政策的下属政策——高校体育政策还没有形成统一的认识，没有一致认同的高校体育政策概念。综合学者们对高校体育政策的不同认识，笔者认为，高校体育政策是从属于教育政策、体育政策、学校体育政策、高等教育政策的外延更为狭小的政策，只是针对普通高等学校中有关体育教育的政策。本研究将高校体育政策理解为政党、政府

---

[1] 史万兵.教育行政管理［M］.北京：教育科学出版社，2005.
[2] 赵智兴，段鑫星.从规模扩张、质量提升到内涵式发展——近二十年国家高等教育政策导向的转变与反思［J］.教育学术月刊，2019（7）：29-40.

或者其他社会组织在特定历史时期，为协调普通高校体育教育决策系统各参与主体的活动的相互关系、达到高等教育领域内体育教育目标而制定的行动依据和准则。

三、新时代高校体育政策

目前，学界尚未有学者对新时代高校体育政策的概念进行界定。本研究指称的新时代高校体育政策是指自党的十八大以来党和政府及社会组织为解决新时代高校体育资源配置不均衡、制度供给不充分等矛盾，在"五位一体"战略思想的指导下，以"以体育人"为目标，以体制机制创新为动力，以特色项目为引领，促进高校体育可持续发展和协调高校体育内外活动关系的行动依据和准则。

本研究从以下几个方面对新时代高校体育政策的概念进行分析：首先，新时代高校体育政策是对高校体育政策范围的限定，是指 2012 年党的十八大之后的高校体育政策。习近平总书记在十九大报告中指出："经过长期努力，中国特色社会主义进入了新时代，这是我国发展新的历史方位。""新时代"尽管是在党的十九大正式提出的，但实际上，党的十八大以来，我们就在事实上开启了新时代，进入了新时代[1]。其次，高校体育是对新时代高校体育政策领域的限定。从种和属的关系来讲，教育、体育、高等教育、学校体育都是高校体育的种，也就是说，高校体育从属于教育领域和体育领域。再次，高校是对新时代高校体育政策层次的限定。我国的教育体制分为学前教育、初等教育、中等教育和高等教育几个阶段，高校是进行高等教育的场所，所以，新时代高校体育政策的层次是指教育体制中的高等教育层次，教育的对象是普通大学生。最后，新时代高校体育政策的本质特征是"新、重、全"，区别于以前的高校体育政策。在新时代，社会矛盾发生了新变化，高校体育主要矛盾随着社会矛盾的变化转化为高校师生日益增长的美好体育生活需要和不平衡不充分的发展之间的矛盾。不平衡主要包括资源配置、区域发展不

---

[1] 史冬柏.新时代从何时开始要实现什么样的目标［N］.辽宁日报，2017-12-13.

平衡，不充分主要指资源配置、制度供给不充分。在以习近平同志为核心的党中央提出的系列新理念新思想新战略的指导下，高校体育政策指导思想、原则、策略发生了新变化，即重点突出、特色鲜明，以校园足球为重点，大力扶持、发展校园冰雪等特色项目，引领、带动、普及校园田径、篮球、排球等其他体育运动项目的发展。同时，高校体育政策的全面性也得到了很好的体现，政策内容中基本囊括了高校体育的质量政策、体制政策、教师政策和经费政策。

第二节 政策工具理论及其对
新时代高校体育政策优化研究的适用性

一、政策工具理论内涵

公共政策研究有政策工具、政策过程两种分析路径。公共政策在社会各个领域得到广泛应用，跨学科特征明显，许多学者以不同的研究视角，依据相关的理论基础，采用适当的研究方法，研究不同的政策现象。广泛的公共政策实践需要不同的、针对性极强的公共政策理论和方法，所以，在学术研究领域，对公共政策的概念尚未形成相互的认同和一致的界定。国外政治学家和学者从活动计划、活动方式及活动过程的视角对公共政策的概念进行了界定。另外，一些学者对于政策的发展、过程、分析方法、模式和作用分别阐述了各自的观点。

（一）国外关于公共政策的研究

美国政治学家哈罗德·D.拉斯韦尔（Harold D. Lasswell）在政策科学创立之初就曾提出，实际上公共政策是"一种含有目标、价值和策略的大型计划"。这个定义体现了公共政策的目标取向及其设计功能，强调了理性的政策制定通常应有科学的论证和合理的程序[1]。在《英国的政策制定》一书中，英国学者理查德·罗斯（Richard R.）提出，应把公共政策看作"或多或少有联系的一系列活动所组成的一个较长的过程"以及这些活动对相关事务的影响和作用，不应将公共政策只看作某个孤立的决定[2]。罗斯对公共政策的定义尽管不太明确，但有价值的观点包含其中，即公共政策不仅是一个关于做什么事的决定，还是一种活动方式或一种活动过程。

詹姆斯·E.安德森（James E. Anderson）在《公共政策》一书中将公共政策科学的发展进行了比较，主要对以下几个方面进行了阐述：政策与政策系统、政策活动者、公共决策体制、政策工具、政策制定、政策执行、政策评估、政策监控、政策终结与周期、政策分析的步骤与方法、系统分析方法、公共政策的经济学分析和公共政策的伦理学分析。美国学者托马斯·戴伊（Thomas R. Dye）在《理解公共政策》一书中介绍了政策分析的模式：作为政治行为的政策制度主义、作为社会收益最大化的政策理性主义、作为团体平衡的政策渐进主义和作为精英偏好的政策精英理论[3]。美国学者海伦·英格兰姆（Helen Ingram）在《新公共政策——民主制度下的公共政策》一书中主要探讨了公共政策对于公民权利和民主制度本身所起的作用，目的是阐明何为更有效率的公共政策，特别是那些能够平衡或整合公共组织与私有组织之间关系的公共政策，并且促使政府制定出这样的公共政策。他从四个方面进行了阐述：第一，政策塑造与公民权；第二，告知和动员公民；第三，为促进对公民的授权而制定的公共政策；第四，重新调整公共政策和公民权[4]。威廉·N.邓恩（William N. Dunn）在《公共政策分析导论》一书中运用"以问题为中心的政策分析"方法架起公共政策理论与实践的桥梁，进一步发挥政策分析的作用，优化政策制定的过程与结果。他通过对公共政策

[1] LASSWELL H D, KAPLAN A. Power and society: a framework for political inquiry [M]. New York: Harold D. Lasswell, Abraham Kaplan, 1970.
[2] RICHARD R. Policy-making in Britain: a reader in government [M]. London: Macmillan, 1969.
[3] 戴伊. 理解公共政策 [M]. 彭勃, 等译. 北京: 华夏出版社, 2004.
[4] 英格兰姆, 史密斯. 新公共政策: 民主制度下的公共政策 [M]. 钟振明, 朱涛, 译. 上海: 上海交通大学出版社, 2005.

分析领域的全面梳理和总结，深刻、系统地阐述了政策分析的方法及政策分析在政策制定过程中的作用和功能，对构建政策问题、预测政策前景、建议政策行动、监测政策执行结果和评价政策绩效的方法进行了详细介绍，同时具体分析了变化的政策分析理论模型。

（二）国内关于公共政策的研究

新中国的政策科学研究起步于 20 世纪 90 年代以后，因众多官员、学者及政策研究人员的高度重视，得到迅速发展。经过半个多世纪的发展，现代政策分析形成了不同的模式、理论和方法论。政策科学研究应立足我国实际，树立国际视野，重视智库建设，形成中国政策科学的话语体系。

中国行政管理学会政策科学研究分会和中国政策科学研究会分别在 1992 年和 1994 年成立。政策科学的相关课程在很多大学的相关科系先后开设，北京大学和厦门大学在行政学硕士点中设立政策分析研究方向，研究生教育开始有了政策分析研究。但是，我国对政策科学及政策分析学科的对象、性质和方法等问题尚未达成共识，也未能进行深入讨论。目前，建议政策研究领域使用政策科学、政策分析、公共政策研究三个术语[1]。

陈振明在《政策分析的不同模式、理论和方法论》一文中对政策分析进行了阐述：政策分析包括综合理性、有限理性、渐进、混合扫描、最优化等模式，包含概念、认知、因果、规范等理论，拥有数学优化、计量经济学方法、半实验方法、行为过程方法、多元标准决策等多样化方法论[2]。陈振明对政策分析的基本要素的分类是根据奎德和小麦克雷等人的论述总结的，将其概括为问题、目标、备选方案、效果、选择标准、模式、政治可行性等七个方面[3]。其中的问题是一般科学发现的逻辑起点，也是政策分析的逻辑起点；决策者通过决策所要达成或取得的东西是目标；决策者为实现目标所采取的手段或进行的选择是备选方案；效果则指连续结果，是将某一特别备选方案

---

[1]　陈振明 . 是政策科学，还是政策分析？——政策研究领域的两种基本范式 [J] . 政治学研究，1996（4）：80-88.

[2]　陈振明 . 政策分析的不同模式、理论和方法论 [J] . 岭南学刊，1995（2）：84-89.

[3]　陈振明 . 政策分析的基本因素 [J] . 管理与效益，1997（1）：9-10.

当作实现目标的手段而取得的成果；选择标准又称决策标准或决策规则，有时能以数字的形式衡量实现目标的程度，并提供将效果、目标和备选方案联系起来的方法；模式是不用实际采取行动就能够研究某项行为或活动的结果，是一个关于简化了的实在的图像，是一个关于世界及其过程连续的假定或概括；政治可行性是指符合在解决问题的限度内，各个方案能否被拒绝或接受，并通过修改过程使某方案被采纳的机会增加。

在《21世纪中国政策科学的研究方向》一文中，陈振明指出21世纪政策科学在我国将进一步取得突破，并提出了其面对的几个困难以及亟待解决的问题，以此作为研究方向。他认为，中国的政策科学要大胆借鉴外国政策科学的理论和研究方法，紧密跟踪其最新发展趋势；快速提高中国政策科学学术水平，大力加强方法论和基本理论研究；建立健全中国政策科学的学科体系，全面探索政策科学分支领域；增强中国政策科学的本土化、现实性和应用性，调查研究要立足于中国政策现实问题以及政策实践[1]。为落实习近平总书记关于中国特色新型智库建设的重要批示精神，政策科学作为交叉学科是学界当前应该大力发展的非常重要的一项工作，智库的知识或学科基础需夯实，建设智库的支撑学科是政策科学，智库的基础是发展政策科学，建设中国特色新型智库要大力发展政策科学，健全咨询决策制度。如此，我国公共决策的法制化、民主化和科学化才能实现[2]。陈振明在《中国政策科学的话语指向》一文中探讨了中国政策科学的话语体系建设问题，认为政策科学在中国建立话语系统，应该有世界眼光和全球视野，扎根于中华民族的优秀政策文化传统[3]。公共政策实践应立足于中国当代，目前，中国政策科学应突显话语指向。中国政策科学的话语规则、媒介、推导、定理、原理、命题、词汇和术语逐步形成，政策科学的中国气派、中国风格和中国特色的话语体系逐步建立，中国政策科学话语权在世界学术界中得到提升。

---

[1] 陈振明.21世纪中国政策科学的研究方向［J］.北京行政学院学报，2000（1）：9–10.
[2] 陈振明.政策科学与智库建设［J］.中国行政管理，2014（5）：11–15.
[3] 陈振明.中国政策科学的话语指向［J］.国家行政学院学报，2014（5）：26–32.

（三）关于政策工具的研究

在公共政策"结构论"基础上发展起来的政策工具分析路径的研究在国内被学者予以研析。这种公共政策理论认识是由"模块"或"要素"构成的，而这些"模块"或"要素"就是我们所说的政策工具。实际上，公共政策是一系列"模块"或"要素"按照一定的方式和程序组合、搭配之后而形成的政策系统。然而，公共政策的"结构论"在发展进程中也经常受到一些诘问，有些学者指出这个观点过于"机械"和"静态"。

尽管有些学者对政策工具的分析路径提出疑问，但正是这些疑问在多个学科和不同流派的激烈碰撞与挑战中促进了理论的创新。这些学者从政策工具的视角，以"结构论"为基点分析得出公共政策依然是现今公共政策研究和公共管理最佳和最有效的路径。高校体育政策是教育政策的一个子系统，自中华人民共和国成立以来，其独特的政策体系逐渐形成。它是由政策制定者在高等学校及其影响的环境内对教育政策、体育政策等多种政策工具的重新设计、搭配、组合、应用及规划构成的。通过构建新时代高校体育政策的"价值链—政策工具"二维分析框架，可以对政策工具的有效性进行检验，对"价值链—政策工具"选择与运用的特点和规律进行归纳分析，能够对独立状态下单一解释的缺陷进行弥补，显现具有融合优势的"价值链—政策工具"二维分析框架。

政策工具分析路径是公共政策研究路径的一种，其研究范围非常广泛，涉及政治、经济、教育、科学、财政、金融、环境、资源、医疗、保障、就业等多个领域。政策工具应用效果评价、选择、分类、规划、设计等方面都是其研究内容。也就是说，公共政策研究路径的政策工具分析路径已然从"过程论"介入研究政策本身，对到底挑选什么政策工具、使用政策工具的效果用哪种标准衡量、其所达成的目标是否符合政府期望等都有极其重要的影响。对政策工具的研究，在国内外公共政策理论研究领域已经进行了很长时间。随着政府对知识需求日益增加和政策实施问题的日趋复杂，以及人们对政策失灵根源的认知，政府工具的作用被广泛认知，慢慢就催生了人们对政策工具研究的渴望[1]。政策科学研究开始的时候，公共管理领域就已经在探索政策工具的研究[2]。公共政策学认为政策工具是实现政策目标的手段[3]，政策工具逐渐受到关注，这是逐步改善政策执行方法与手段、政策执行的复杂程度和难度慢慢提高导致的[4]。研究者们在关注公共政策自身科学性和公共决策的过程中，也渐渐地对政策实施的手段产生浓厚的兴趣，所以政策科学研究的全新领域——政策工具选择产生了[5]。学者们在开始对政策工具进行研究的时候就考虑政策目标、结果、方法、手段之间的逻辑关系，同时将其看作自第二次世界大战以来在研究政府治理方面的一种重要进步。到 20 世纪 70 年代，为研究政策工具理论提供较好机遇的是关注政策执行研究。当执行学派重点强调项目管理，从政府机构把政策分析单位转至单独的公共项目，诸多问题在项目执行过程中依然得不到有效解决时，"新治理"这种将分析单位从单独的项目或组织转向对政策工具本身的研究方法就出现了[6]。因此，政策工具理论逐渐成为研究热门话题并受到越来越多的关注。

20 世纪 80 年代，政策工具理论在西方兴起，相关研究成果在国外有 M. 拉米什（M.Ramesh）、迈克尔·豪利特 (Miehael Howlett)、莱斯特·M. 萨拉蒙 (Lester M.Salamon)、E. S. 萨瓦斯（E.S.Savas）、彼得·普拉斯特里克 (Peter Plastrik)、戴维·奥斯本 (David Osborne)、弗兰斯·K. M. 冯尼斯潘（Frans K.M.Van Nispen）、B. 盖伊·彼得斯（B. Guy Peters）、克里斯托弗·胡德（Christopher Hood）等都是著名的相关学者，纷纷出版了《政府改革手册：战略与工具》《公共政策工具：对公共管理工具的评价》《民营化与公私部门的

---

[1][5] 张经纬.辽宁省产学研合作政策研究（1985—2015）：基于政策文本分析［D］.沈阳：东北大学，2017.

[2] 彼得斯，冯尼斯潘.公共政策工具：对公共管理工具的评价［M］.顾建光，译.北京：中国人民大学出版社，2007.

[3] 陈振明.政府工具导论［M］.北京：北京大学出版社，2009.

[4] 豪利特，拉米什.公共政策研究：政策循环与政策子系统［M］.庞诗，等译.北京：生活·读书·新知三联书店，2006.

[6] 萨拉蒙.政府工具：新治理指南［M］.肖娜，等译.北京：北京大学出版社，2016.

伙伴关系》《政府工具：新治理指南》《公共政策研究：政策循环与政策子系统》等一批有关政策工具的经典理论著作[1]。20世纪90年代，作为研究焦点的政策工具研究逐渐成长，它是政策科学研究新的学科分支或主流分支领域。政策工具研究及其大本营并不只在美国，欧洲大陆尤其是荷兰和德国的政策工具研究也非常活跃[2]。政策工具理论之所以受到许多专家、管理者和政府的青睐，是因为它在实践中拥有广泛的应用性和指导性，体现出强大的政策解释力。

从我国公共管理研究来看，国内对于政策工具的研究起步于20世纪90年代，学者们广泛关注这一理论，它逐渐成为国内公共管理四大重点理论研究领域之一[3]。政策工具如何处理政策系统中的现实问题是我国学者研究的焦点，一些学者认为与合理选择政策工具同等重要的是有效提升政策工具的效能，同时提出政策工具未来的重点研究领域：政策工具的结合匹配、应用描述、效能评估、新政策工具开发应用、政策工具动力学等[4]。

在国内外众多学者研究的基础上，政策工具理论形成了建构主义、权变主义、过程主义、工具主义等多种流派，构造并渐渐完善了理论框架。这些理论流派为政府在治理过程中的实践操作提供了值得借鉴的"工具库"，政策改变了制定者固有的思维模式，促使政策制定者与政策执行者之间加强沟通与交流，提供实际操作方法论的同时开辟全新视角研究政策[5]。政策工具是什么？怎样理解和定义政策工具？国内外不同学者分别从各自的研究角度对政策工具进行了解释和说明。由于研究者们对政策工具的理解存在差异，所以给出的定义也各具特点，目前国内外尚未有一个准确而笃定的普遍认同的界定。

国外学者对政策工具的解释有：英格汗作为政策学者，以因果论为出发点，将政策工具界定为"系统性地探讨问题症结与解决方案之因果

[1] 孙海云.政府在物流产业发展中的作用研究——基于政策工具视角的分析［D］.济南：山东大学，2018.
[2][4][5] 苏竣.公共科技政策导论［M］.北京：科学出版社，2014.
[3] 陈振明，薛澜.中国公共管理理论研究的重点领域和主题［J］.中国社会科学，2007（3）：140-152.

关系的过程";英格拉姆与施耐德以目的论为出发点,将政策工具界定为有目的的行动蓝图,换句话说,政策工具是以特定公共问题的解决为目的的,具有一定的公共目的性,从这个角度来说,它是围绕政策目标的实现而展开的蓝图;胡德以机制论为出发点,将政策工具界定为运用各种行政工具通过不同场合和方式来实现政策目标的过程[1]。萨拉蒙把政府工具理解为公共行动工具,认为其是政府用于调动集体活动,解决公共事务的手段[2]。欧文·E.休斯(Owen E. Hughes)把政府工具看作通过某种路径用以调节政府行为的机制,抑或政府的行为方式[3]。陈振明等将政府工具理解为政府达成政治目标的手段[4]。部分学者混淆了工具和政策的界限,在视野拓宽的同时,将政策工具看作非正式活动和政策活动的集合[5]。有些学者把政策工具的含义从工具、技术、手段三个方面来区分,认为"一种社会制度类型"是工具,"运作制度的具体装置"是技术,"技术内的微观装置"是手段[6]。这样对其内涵进行详细区分之后,显得比较灵活。政策工具在不同情况下使用,内涵也有区别,但并不确定它是否更有解释力[7]。

中国台湾学者吴定认为,政策工具是政府机关为达成政策目标,在执行政策时能够自由运用的各种技术的总称。

陈振明和张成福是国内政策研究方面比较有代表性的学者。陈振明把政策工具理解为以完成特定政府目标或解决特定的社会问题为终极目的而采用的一整套行动方式或策略[8],是具体手段和方式[9]。张成福等认为,实现政策目

[1] 丘昌泰.公共政策(基础篇)[M].3版.中国台北:巨流图书股份有限公司,2008.
[2] 萨拉蒙.政府工具:新治理指南[M].肖娜,等译.北京:北京大学出版社,2016.
[3] 休斯.公共管理导论[M].彭和平,周明德,金竹青,等译.2版.北京:中国人民大学出版社,2001.
[4] 陈振明,薛澜.中国公共管理理论研究的重点领域和主题[J].中国社会科学,2007(3):140-152.
[5] 彼得斯,冯尼斯潘.公共政策工具:对公共管理工具的评价[M].顾建光,译.北京:中国人民大学出版社,2006.
[6] 黄红华.政策工具理论的兴起及其在中国的发展[J].社会科学,2010(4):13-19.
[7] 王洪江.政策科学视野中的新型城镇化:目标、网络及其工具选择[D].武汉:华中师范大学,2017.
[8] 陈振明.政府工具研究与政府管理方式改进——论作为公共管理学新分支的政府工具研究的兴起、主题和意义[J].中国行政管理,2004(6):43-48.
[9] 陈振明.公共政策分析[M].北京:中国人民大学出版社,2003.

标的机制和手段是政策工具，特定政策目标群体通过机制和手段的作用使行为得到改变，以此实现政策目标[1]。国内其他一些学者也对政策工具的定义进行了概述。陶学荣认为，社会组织或公共部门为达成一定的政策目标或为解决一定的社会问题而具体采用的手段和方式的总称是政策工具[2]。战建华认为，公共政策主体为实现政策目标、解决政策问题而运用的具体方式和手段的总称是政策工具[3]。吴元其、周业柱等认为，政策工具是政府或其他政策主体为实现政策目标采用的手段、解决某种社会问题选择的方式[4]。实际上，政策工具有其自身特点：第一，政策工具是具体的，其作用是达成既定的政策目标，是实现特定政策目标的途径；第二，运用政策工具能够改变政策过程，具有制度安排的性质；第三，政策工具受政策环境影响，相同政策工具在不同政策环境中发挥的作用不同[5]。

政策工具理论研究成果丰硕，其显著表现是政策工具种类的多样性。对政策工具进行选择与运用、搭配与组合、构建与设计的基础性工作和前提就是对其进行科学合理的分类。但是，由于研究者视域、价值取向、背景以及划分标准的区别，政策工具分类尚未形成统一的标准。早在 1964 年，荷兰经济学家科臣（Kirschen）就提出 64 种常用的政策工具，尽管他未能对这些政策工具的应用条件、使用背景、影响因素、使用效果等元素展开深入的理论研究，分类结果不太系统，但依然成为政策工具分类的起点。

瓦当经过对大量文献的整理，认为对政策工具的分类，学界大致有两种相反的观点：①难以统一划分标准是由于政策工具众多；②能够依据大致的划分标准分成若干类，尽管有过多政策工具[6]。由于量化研究的可行性和现实需要，学者大多数支持后一种观点。不管有多少种政策工具分类，都应把握好分类标准，这有利于政策工具理论的深入研究。详见表 1-1。

[1] 张成福，党秀云.公共管理学［M］.北京：中国人民大学出版社，2001.
[2] 陶学荣.公共政策学［M］.大连：东北财经大学出版社，2006.
[3] 战建华.公共政策学［M］.济南：山东人民出版社，2011.
[4] 吴元其，周业柱，储亚萍，等.公共政策新论［M］.合肥：安徽大学出版社，2009.
[5] 李建军，武玉坤，姜国兵.公共政策学［M］.广州：华南理工大学出版社，2009.
[6] 杨洪刚.中国环境政策工具的实施效果与优化选择［M］.上海：复旦大学出版社，2011.

表 1-1 国内外部分学者对政策工具的分类

序号	分类标准（依据）	研究者（代表人物）	分类特征	工具类型
1	权力介入或者强制性程度	林德布洛姆（Lindblom）、罗威（Lowie）、达尔（Dahl）	对标的群体的约束程度	强制性工具、非强制性工具
		休斯	政府干预	供应、补贴、生产、管制等
		迈克尔·豪利特、M.拉米什	政府提供物品和服务的水平	自愿性工具、强制性工具、混合性工具
		艾兹奥尼（Etzioni）	政府权力的运用方式	强制性、利益性、象征性
		埃弗特·瓦当（Evert Vedung）	强制的程度差异	管制工具、经济工具、信息工具等
		朱春奎		诱因型工具、契约型工具、权威性工具、命令性工具、自愿性工具
		黄红华	政策工具的强制性程度	强制性、财政激励、指导性、信息提供、服务性
2	政策工具功能及功能实现的资源依赖	胡德	政府探测器、政府影响器	组织、权威、财政、信息
		迈克尔·豪利特	以提供物品与服务的实质性工具为基础	程序性工具
		顾建光	以资源作为分类标准	管制类、激励类和信息传递类政策工具
3	政府改革战略	戴维·奥斯本（David Osborne）、彼得·普拉斯特里克（Peter Plastrik）	"5C"战略，即核心、后果、顾客、控制、文化	70多种具体的治理工具
4	政策工具出现的时代背景	戴维·奥斯本、盖布勒（Gaebler）	政策工具出现的时代	先锋类、创新类和传统类三大类共36种治理工具

续表

序号	分类标准（依据）	研究者（代表人物）	分类特征	工具类型
5	政府机构参与施政行为的程度	萨拉蒙	直接工具	信息宣传、直接贷款、经济管制、政府企业、直接行政
			间接工具	政府支持企业、福利券、政府拨款、侵权法、收费、税式支出、保险、贷款担保、外包合同、社会管制
		张成福	政府介入程度	政府部门直接或委托其他部门提供财务与服务、市场运作、签约外包志愿服务、自我协助等10种
6	政府干预手段	麦克唐纳尔（Mcdonell）、艾莫尔（Elmore）	列举式分类	命令、提供诱因、建立能力、系统变迁
		施耐德、英格拉姆		权威、诱因、能力培养、象征性和劝说性、学习性五类
		德博拉·斯通（Deborah Stone）		引导工具、规则工具、事实工具、权利工具、权力工具
		陈振明		市场化、工商管理技术和社会化手段三类政策工具
7	不同交易属性	湛中林	政策的交易性特征，强调交易成本	离散交易型、公共交易型、混合交易型三种政策工具
8	政策工具作用面	罗斯威尔（Rothwell）、扎沃德（Zavodny）	政策工具作用效果	环境型、供给型、需求型政策工具

资料来源：根据王洪江博士的观点整理改编。

　　政策工具类型繁多，是由于学者的研究背景、政策目标设定、主观偏好等不尽相同。受分类标准的多元化、弹性化影响，对政策工具设定分类标准带有研究者选择的主观性。但是，政策工具各个类别不能相互排挤，因为没有一种类别可以无限包容。恰如豪利特所表述的，学者划分政策工具不是高度概括而是详细描述特定工具的基本特征 [1]。

罗斯威尔和扎沃德对政策工具的分类方法适合于本研究，确切地说，就是结合新时代高校体育政策的实际发展情况，根据政策工具的作用效果，将政策工具分为三种类型：环境型、供给型和需求型。更好地进行政策工具选择是政策工具研究的核心，政策执行过程中对政策工具概念、效益、分类等的研究目的也在于此。

（四）政策工具选择路径研究

国内学者丁煌、杨代福分别对五种典型政策工具选择路径进行研究：传统工具、修正工具、制度主义、公共选择、政策网络 [2]。

1. 传统工具路径

中性基本属性是传统工具路径的特征，政策环境、政策背景与政策工具之间没有任何关系，政府要根据确定的政策目标筛选政策工具，实现政策目标是选择政策工具的最终目的。也可以说，影响政策工具选择的最重要因素是政策目标。政策目标的完成程度如何是由选择政策工具恰当与否决定的，政策工具的评估及选择要与政策目标相符合、与政策结果相关，预设的政策目标也要与这些结果相关。在经济学范围内，政府干预市场理论是研究政策工具传统工具路径的重要起点，政府讨论的核心议题是该如何干涉经济运行，怎样干涉，用什么干涉。最早在经济学领域流行的传统工具路径，可能与该学科特别重视工具理性密切相关 [3]。

2. 修正工具路径

工具论研究重视工具本身，忽视应用背景，这种现象会使政策工具运用效能严重折损，甚至背道而驰。修正工具路径与工具论同样客观存在，突出

---

[1] 豪利特，拉米什. 公共政策研究：政策循环与政策子系统 [M]. 庞诗，等译. 北京：生活·读书·新知三联书店，2006.

[2] 丁煌，杨代福. 政策工具选择的视角、研究途径与模型建构 [J]. 行政论坛，2009，16（3）：21-26.

[3] 彼得斯，冯尼斯潘. 公共政策工具：对公共管理工具的评价 [M]. 顾建光，译. 北京：中国人民大学出版社，2006.

表现在五个方面：第一，政策工具相互之间的影响力与工具后面的规范和价值受到关注；第二，政策工具与环境之间的关系引起重视；第三，将利益冲突行为者的"推拉过程"理解为选择政策工具的方式；第四，行为者选择政策工具时不仅依据政策目标，还会依据预计的可能结果；第五，通过目标实现程度与工具环境考察政策工具。所以，工具环境的重要性在修正工具论中逐渐显现，R. 巴格丘斯（R. Barchus）提出进行政策设计需要受众特征、政策环境、政策问题、工具特征四个要件，当工具特征与其他三个有效要件相匹配时，政策工具才可能有效[1]。

3. 制度主义路径

认同制度主义路径观点的学者，用历史发展的组成部分来理解具体的政策工具，认为人们对未来的选择明显受到过去所做出的选择的制约和影响，政策工具路径选择依赖性明显。他们还对修正工具路径提出批评，认为它们对制度化更加关注，其中有"结果—过程、设计—演变、现在—过去"这样几组概念，而忽视了工具出现的制度性过程，忽视了伦理、价值、政府、人等内容。制度主义路径更为关注的不是政策工具效果，而是政策工具选择的过程，这种过程更应该是一种渐进的，强调渐进性就不能坚持工具论、修正工具论强调结果的导向，正是基于这种理解，可以怀疑经主观设计的政策工具的有效性，选择者很难控制和决定政策工具[1]。历史制度主义范畴的一些观点认为，制度论者和修正工具论者看似存在某种关联，实际上，关键的历史或时间观念被制度论者引进，他们明确指出，应该在一定的历史结构中理解环境影响引起政策工具选择的变化。这种环境不是凭空产生的，实质上，修正工具论者关注的政策环境应是历史的产物。彼得·霍尔（Peter Hall）把制度分为微观、中观、宏观三种结构[2]。关注中观层面制度是政策工具选择最主要的制度研究路径。比如，德国住房政策是德国社会市场经济体制极为鲜明的个性特征，其选择的政策工具与基本制度保持一致，政府对自建住房给

[1] 彼得斯，冯尼斯潘. 公共政策工具：对公共管理工具的评价 [M]. 顾建光，译. 北京：中国人民大学出版社，2006.
[2] 河连燮. 制度分析：理论与争议 [M]. 李秀峰，柴宝勇，译. 2 版. 北京：中国人民大学出版社，2014.

予一定资助，也从私人部门获得住房政策的公共产品，政府在主导和规制利益分配的同时，形成各方利益协调的投资秩序。为保障社会体系和市场机制作用，政策实施过程不补贴建筑、地产等企业，而坚持直接补贴受益人[1]。很大程度上，德国社会市场经济体制来自李斯特（List）的经济学说，就像经济政策受货币主义观念和凯恩斯主义影响一样。因此，制度定义的核心组成部分是观念[2]。

4. 公共选择路径

交易成本、公共选择、福利经济学三个理论学派是经济学选择政策工具的主要方法。分配效率是福利经济学的主要评价标准，是否实现政策目标主要通过管制或补贴手段进行量化分析，可是政策制定者有自己的相关标准和利益，改进角度不一定完全依据社会整体效率。更符合社会实际的或许是公共选择理论的假设，也就是追求个人利益最大化的"经济人"假设，D.J.克拉安（D. J. Craonne）把收费、补贴、管制等政策工具与指定用途税、税务支出、调节税的运用进行比较，结果官员对政治与效率的考量远不及利益，管理者更倾向于使用前者。总体来看，在政策工具选择问题的分析方面，公共选择理论和福利经济学理论各有所长，但在选择具体的政策工具方面，对福利经济学理论持批评态度的学者应该更多[3]。公职人员的自私与理性是公共选择理论的基础，系统、部门或官员利益在"碎片化的威权体制"[4]"官员晋升导致的GDP锦标赛"[5]面前都得到体现。但是，公共选择理论本身争议颇多，许多研究表明，很多情况下官员不能或并不能成功追求预算最大化[6]。缪勒（Mueller）自己也承认，夏皮罗（Shipero）和格林（Green）批评公共选择理论的结论缺

[1] 徐镭，朱宇方.政策工具的制度属性——以德国住房投资模式为例［J］.经济社会体制比较，2013（4）：83-93.
[2] 彼得斯.政治科学中的制度理论："新制度主义"［M］.王向民，段红伟，译.2版.上海：上海人民出版社，2011.
[3] 彼得斯，冯尼斯潘.公共政策工具：对公共管理工具的评价［M］.顾建光，译.北京：中国人民大学出版社，2006.
[4] 马骏，侯一麟.中国省级预算中的非正式制度：一个交易费用理论框架［J］.经济研究，2004（10）：14-23.
[5] 周黎安.中国地方官员的晋升锦标赛模式研究［J］.经济研究，2007（7）：36-50.
[6] 马骏.交易费用政治学：现状与前景［J］.经济研究，2003（1）：80-87.

少事实经验的支持，理论解释现实中行为的能力不足，尽管在规范理论方面取得了很大成功，但是在实证理论方面却失败了。

正因为公共选择理论存在缺陷，理性选择的政治学理论才把理性选择模型与制度分析有效结合，对公共选择理论做出修正，成为理性选择制度主义，这也是制度分析中公共选择理论的新发展。除此之外，也有学者采用交易成本理论对政策工具的选择进行分析，认为其核心是节省交易成本[1]。

5. 政策网络路径

以政策网络方式选择政策工具时，平衡力、博弈性和互动性是政策网络中利益相关者需要关注的。在《政策网络中的政策工具选择》（*The Choice of Policy Instruments in Policy Networks*）中，汉斯·A. 布耶塞尔（Hans A. Bressers）指出，政策网络在执行政策和政策工具选择过程中有非常明显的作用。因此，可以把政策网络的概念理解为以解决政策项目或公共问题为目的，政策活动者用于信息沟通与发展的能够发生相互持久作用的一种社会系统。他在这样的假设基础上提出了政策网络间的关系与政策工具的特征，认为选择某种政策工具可能性的大小与这种政策工具维持现有的政策网络特征呈正相关。一般而言，网络成员影响政策工具选择的因素有目标群体的合理规范性、撤回或提供资源给目标群体、目标群体支持或反对自由挑选的政策工具、目标群体与政策反应间的对称性、政策制定者执行政策工具的双边性或多边性几个方面[2]。对于政策网络路径而言，政策工具的选择扎根在环境中，是真空筛选，而非自由筛选，还会受各种存在要素的影响。政策行动者在挑选工具时，是以思想系统、环境背景及惯例等政策共同体为依据。其中，思想系统能够保证政策工具达成政策目标，并对政策目标具有决定意义。大部分政策共同体成员以及共享思想系统的人员在筛选政策工具时，设定了用于政策行动者之间沟通交流的"工具语言"。在政策网络中挑选政策工具进行价值和利益的分配时，要根据目标群体的不同区别对待。不同的政策工具，对目标群体的影响不同。大体上讲，不同社会利益群体之间相互冲突的价值观体

[1] 湛中林. 交易成本视角下政策工具的选择与创新［J］. 江苏行政学院学报，2015（5）：100-105.
[2] 吕志奎. 公共政策工具的选择——政策执行研究的新视角［J］. 太平洋学报，2006（5）：7-16.

现在工具的挑选上 [1]。

政府部门和公共行政管理者确定政策目标以后，要使政策目标群的行动得以改变，选择的政策工具就必须有效，以使其行动能够满足政策目标的要求。

（五）政策工具选择标准研究

进行政策工具选择，必须具备相应的选择标准，有了标准才能很好地进行政策工具选择。可执行性、效果、合法性、公平性、效率是萨拉蒙提出的政策工具选择标准 [2]。

1. 可执行性

政策工具的可执行性在选择政策工具的过程中占有重要地位，甚至有部分学者将其视为首要标准，那些按照这个标准选择的最简单和最直接的工具被认为是最好的政策工具。越复杂的政策工具，涉及越多参与者，就会有越大执行难度。虽然有些政策工具在理论上能够带来优良的效果，但是在实践中通常会因为过大的执行难度而被搁置。

2. 效果

通过选择政策工具而实现政策目标的程度就是效果。选择政策工具的目的是达成某种政策目标，连接政策目标与政策结果的桥梁是政策工具。从这个视角来看，效果是政策工具选择是否成功的最重要的衡量标准。政策目标包括经济方面、政治方面、社会方面的目标，一般不是单一的，而是复合的。所以，不能单一考察政策目标的效果，也不能单纯从某个方面判断政策工具的好与坏。另外，不能只看效果是否能够达到，目标效果存在程度区分，治理现状与治理效果之间包含多个层次，所以，要看在什么程度上能够达成效果并以此来考察政策工具的效果。需要特别指出的是，效果与成本往往是独立的，从效果方面进行考察最注重结果，而不考虑成本，最能实现政策目标和达成政策效果的工具是最好的政策工具。

---

[1] 孙海云. 政府在物流产业发展中的作用研究——基于政策工具视角的分析 [D]. 济南：山东大学，2018.

[2] 尹军彩. 计划生育工作中政策工具的选择与优化研究 [D]. 长沙：湖南大学，2011.

3. 合法性

政策工具的合法性更主要的是指其受到大众认可的程度和政治支持，而不仅仅指其符合现有的法律。在合法性的基础上，要考虑某种政策工具牵涉到的利益相关人，其中哪些能反对，哪些能支持，反对或支持的程度如何，也就是考虑某项政策有多大的政治可行性。有的政策尽管合法并符合群众意愿，但还得放弃，这是由于政治阻力过大造成的。

4. 公平性

公平性包括基本的公平、平均分配的公平、再次分配的公平三层含义。基本的公平是指个人所获得的收益应该与其付出的成本相等。某种政策工具让哪个人在服务中受益，哪个人就该付出相应的成本，即多劳多得，少劳少得，收益和付出相当。平均分配的公平是最公平的，是指在全社会范围内，将社会资源平均分配给社会上所有的个人。再次分配的公平，就是将服务与社会资源再次分配给社会中最需要的人，如政府强制征收社会上富裕阶层的一部分服务和资源，将其分配给社会上较低的阶层。也就是说，为了达到某种程度的公平，将利益倾斜分配给社会中的弱势群体，体现了再分配的公平性。政府选择政策工具时，必须公平、公正地对待多方利益相关人。按照这种标准，最好的政策工具就是最能够满足公平要求的工具。

5. 效率

政府在行政中重视成本控制是受有限资源决定的。从效率的角度来讲，最有效率的政策工具就是最好的政策工具，就是以最少成本实现最好政策效果的政策工具。效率考察达到效果所要付出的努力程度，注重成果与成本之间的比率。效率与效果没有一一对应关系，最有效率的政策工具未必产生最佳效果，反过来也是如此。政策工具的成本不仅包含政府采用政策工具所达成治理目标的成本，还应包含政策目标群体为响应政策而付出的代价[1]。

事实上，由经验选择政策工具到理性选择政策工具是挑选政策工具的过程，这个过程还会经历从技术选择到政治选择的理性发展，经常以传统

---

[1] 孔德意. 我国科普政策研究——基于政策文本分析 [D]. 沈阳：东北大学，2015.

思维和惯性思维做基础或以经验进行猜测来挑选政策工具[1]。布雷塞尔斯（Bresayles）和克洛克（Croak）指出，要认真查看政策所需的成效和环境，并且通过对政策工具箱进行理性判断来选择政策工具。德·布鲁金和坦霍伊维尔霍夫指出，政策网络背景与政策工具吻合与否是选择政策工具首先要注意的问题，同时应以政策网络建构核心，选择对应的概念框架[2]。然而，运用理性思维去思考政策工具本身是国内学者的理解，坚持政策网络核心是目前运用政策工具的"核心环境"。因此，要以网络和理性作为参考依据选择政策工具[3]。当政府为实现一定政策目标，以实践与理论为交汇点选择政策工具时，需要充分权衡每一种政策工具的可行性和局限性，之后选择一种或多种政策工具进行组合，同时，需要考虑特定政治环境下政策工具的一致性和可延续性。

（六）政策工具选择模型研究

国外政策研究者总结了三种政策工具的选择模型，即经济学模型、政治学模型和综合模型[4]。

1. 经济学模型

理论界通常将经济学分为福利主义经济学、新古典主义经济学两种学派。不管哪种学派的经济学家都将选择政策工具看作技术上的一种操作过程，这样的操作过程能够将政策工具的任务与其特征相结合。对于政策工具的选择，福利主义经济学派和新古典主义经济学派都有选择具备自发调节功能的政策工具的偏好。挑选混合性政策工具以及在更大范围内使用强制干预以修正市场失灵是福利主义经济学派的倾向。相反地，在政策引导公共物品的过程中使用混合性政策工具和强制干预是新古典主义经济学派所倡导的，他们还认为，在其他条件下使用此类工具能够形成次优结果以及产生市场过程扭曲。

---

[1][2] 彼得斯，冯尼斯潘. 公共政策工具：对公共管理工具的评价 [M]. 顾建光，译. 北京：中国人民大学出版社，2006.

[3] 丁煌，杨代福. 政策工具选择的视角、研究途径与模型建构 [J]. 行政论坛，2009，16（3）：21-26.

[4] 豪利特，拉米什. 公共政策研究：政策循环与政策子系统 [M]. 庞诗，等译. 北京：生活·读书·新知三联书店，2006.

强制干预是福利主义经济学派普遍认同的政策工具，因此，他们认为筛选政策工具的技术操作具有严格意义，并对操作过程进行总结：其一，匹配不同类型的政策工具与市场失灵；其二，评估各种政策工具的特征；其三，挑选最有效的政策工具攻克市场失灵；其四，评估选择的政策工具的相对成本。新古典主义经济学派分析政策工具选择时结合了政治因素，对福利主义经济学派而言，尽管结合政治因素分析在某些方面起到改进作用，但是对于完善工具选择的模式贡献很少。他们认为，国家的制度和行为会受到政治家、官员态度的影响，致使国家会选择只满足少数人需要的政策工具，同时，成本由更多人分担。这样，不体现大部分人真实成本的政策工具就被政府挑选了，但这个成本最终还是由大部分人承担。运用经济学模型选择政策工具存在极为明显的弊端，理论研究的倾向更多。其对政策工具选择的研究是基于政府应该做什么和怎样去做的一种理论假设基础，未能以政府在实践中做过什么为事实依据。也就是说，政策工具选择的许多复杂影响因素被提出经济学模型的学者们忽视了。

2. 政治学模型

林德布洛姆和彼得斯的政治学模型认为，有五种决定性要素存在于选择政策工具的过程中：其一，国家的政策风格、政治文化和社会分裂程度；其二，政策自身的目标、政治风险、对国家行为的约束以及资源密集度等特征；其三，决策者个人的专业知识背景、文化程度以及所属制度关系等偏好；其四，相关机构的组织文化以及其与客户或其他机构之间联系的限制；其五，行动主体范围以及政策问题所处的内外部环境[1]。胡德的政治学模型认为，选择政策工具的过程实际上具有偶然性，而促动整个过程的力量依然能够确定，社会行动主体在工具作用下显示出的效果以及政府对政策工具的试验是这些力量的基础，工具效果受到不同社会群体性质的影响[2]。开支工具和劝说工具是政府在良好和规模庞大的社会群体中使用的。受到影响的社会群体规模越

[1] LINDER S, GUY P B. Instruments of government: perceptions and contexts [J]. Cambridge University Press, 1989, 9 (1): 35–58.
[2] HOOD C. The tools of government [M]. London: Macmillan, 1983.

大，政府越偏好于使用非主动的强制性工具，即对政策工具选择有重要影响的是目标群体。但是，强制性政策工具是进行资源再分配时政府针对社会群体的必然选择，而且在取得社会群体自觉服从时具有政府必须考虑使用的可能。另外，在技术方面，一些研究者认为任何政策工具都有可能被替代。从理论上说，除受到外力影响外，所有政策工具在自由的民主社会中都能够用来达成任意政策目标，否则运用强制性极小的政策工具来达成目标将会成为政府的选择，国民反抗是此处所指的外力，每当国民反抗转化为长久的社会压力时，强制性工具就是政府考虑的选择。所以，选择政策工具的政治学模型被学者们定义下来。也就是说，政府解决一些公共问题的时候，首先选择最低限度的行动（劝告），如果产生效果，就可以慢慢地转为直接供给。上面几个选择政策工具的政治学模型都根据各自的认识分析了影响政策工具选择的因素，既有局限性，又有合理性。

3. 综合模型

迈克尔·豪利特和M.拉米什主张将经济学模型和政治学模型结合在一起，这是由于选择政策工具是一个影响因素很多的复杂问题。思考此类影响因素的时候，政治学模型和经济学模型均具有一定局限性。他们的观点是，经济学和政治学两个学派都依赖明确或含蓄的相互关联的两个变量[1]：其一是社会行为主体受国家影响的组织能力大小；其二是政策子系统的复杂性，特别是政府在执行一项政策或计划时所要面对的社会行为主体的数量和类型。综合模型可以划分为四种情况：其一，国家控制能力较强，政策子系统略微复杂，即政府面对单一的社会行为主体且其规模不大、政府控制能力又较强时，决策者能够使用直接提供或管制等强制性的政策工具；其二，国家控制能力较强，政策子系统特别复杂，即政府面对的社会行为主体类型繁多、规模较大且相互之间存在矛盾，政府控制能力又较强时，政府进行资源配置及实现自由竞争或许要利用市场工具；其三，国家控制能力较弱，政策子系统稍微复杂，即政府面对的社会行为主体规模小、类型少，政府控制能力较弱时，税

---

[1] 豪利特，拉米什.公共政策研究：政策循环与政策子系统［M］.庞诗，等译.北京：生活·读书·新知三联书店，2006.

收、政府补贴等混合型政策工具将会按照具体情况而被选用，政府则选择较少介入目标；其四，国家控制能力较弱，政策子系统特别复杂，即政府面对的社会行为主体规模大、类型多，政府又不能直接管理和约束行为主体且控制能力较弱时，其仅凭借家庭与社区、志愿者组织及社会力量等某些自愿性工具实施政策，控制社会行为主体。在某种意义上，自愿性工具属于诱因管理，这种诱因有的时候是经济利益，有的时候是普遍使用的社会价值[1]。

政策工具是达成政策目标的桥梁与纽带，是公共政策的重要组成部分，能为实现政策目标群体利益提供有效手段，因其在政策执行过程中的重要作用，我们要充分考虑影响政策工具选择的因素，在制定政策的过程中慎重选择工具种类。不同学者对影响政策工具选择的因素有不同的考量。彼得斯认为影响政策工具选择的要素是观念、制度、利益、个人与国际环境，并创建了"5I框架"。陈振明把影响政策工具选择的因素分为政策目标、工具特性、工具应用背景、以前的工具选择、意识形态等五个方面。张成福扩展了政策工具选择的影响因素，认为其包括工具优缺点、公共利益、理性、多元标准、多元利害关系、工具效果和公共问题的复杂性[2]。在麦克拉夫林教授调适模型的基础上，户瑾把影响政策工具选择的因素归纳为四类：政策工具自身特征、政策目标、环境因素、政策执行者和政策目标群体[3]。

二、政策工具理论在新时代高校体育政策优化研究中的适用性

（一）政策工具理论在公共政策研究领域适用性极强

新时代高校体育政策研究是以政策文本为基础的政策研究，是公共政策范畴内的教育经济与管理方向的政策研究。优良的政策工具能够保证实现政策目标效果，研究挑选与运用政策工具是政策研究过程离不开的，它对于公

[1] 孔德意. 我国科普政策研究——基于政策文本分析 [D]. 沈阳：东北大学，2015.
[2] 孙海云. 政府在物流产业发展中的作用研究——基于政策工具视角的分析 [D]. 济南：山东大学，2018.
[3] 户瑾. 中国政策工具选择研究 [D]. 太原：山西大学，2011.

共政策成败的意义极为广泛^[1]。在政策制定过程中要充分考虑国家政治、经济、文化、社会等公共事务的有效管理，设计、规划政策工具，丰富政策工具箱，提高政策内容饱满度，为政策执行提供有效手段和方法，并逐步实现政策目标。政策目标的实现不仅需要政府挑选有效的政策工具，还需要政府和各级主管部门的具体执行。政策执行过程中政策工具的应用必不可少，政策工具选择不恰当，就难以有效解决面临的问题，致使不能有效实现政策目标。政府职能部门在制定政策的实践中，选择政策工具时经常利用政府职能部门本身的权威性，忽视公共问题的社会性，致使政策工具设计、规划得不全面，导致没有政策工具选择或者选择失当的情况，从而无法解决公共问题，影响政策目标的有效完成。以往对于高校体育政策的研究，多局限于技术层面和发展措施的研究，也有关于政策统计、演变过程等方面的研究，研究角度过于单一，政策的分析与实践不够全面，有关参与部门在执行政策过程中不能直接体现所追求的利益，无法把握政策重点关注的核心问题，极易产生政策执行与研究的误差。

（二）政策工具理论为新时代高校体育政策优化研究提供理论研究路径

政策工具筛选问题为分析新时代高校体育政策优化研究提供了全新的研究视角。本研究以新时代颁布实施的高校体育政策文本为主要研究对象，通过对政策文本的分析，研究新时代高校体育政策工具选择应用的情况，探讨什么政策工具是高校体育政策在执行过程中的使用偏好、什么政策工具能够更好地达成高校体育政策目标、组合哪些政策工具能够更好地促进高校体育事业的发展等内容。为与新时代行政管理体制和市场经济相适应，建立行政管理的全新模式，需引入全新的工具和现代化管理技术。要制定更好的高校体育政策，必须对政策文本内容进行深入细致的研究，利用政策工具理论系统分析新时代高校体育政策的政策工具选择情况。这有助于政策制定等过程的完善，更能为实现政策目标提供有力保障。

[1] DUN W. Public policy analysis:an introduction［M］. 2nd ed. New Jersey：Prentice Hall，1981.

（三）政策工具理论为构建新时代高校体育政策的"价值链—政策工具"二维分析框架提供理论基础

本研究在政策工具理论的基础上，结合新时代高校体育政策的特点，建构了高校体育政策的"价值链—政策工具"二维分析框架。此分析框架的两个维度分别是 X 维度（政策工具类别）和 Y 维度（高校体育价值），分别体现的是高校体育政策的政策工具基本分类和高校体育价值活动。本研究借助于新时代高校体育政策工具二维分析框架，对新时代高校体育政策工具使用情况进行了客观分析。

第三节　文献计量理论及其对新时代高校体育政策优化研究的适用性

一、文献计量理论内涵

文献计量学自 20 世纪建立之后有了很大发展，是情报学、图书馆学领域中一门重要的分支学科，在科学学研究、情报研究、科研管理与评价、图书管理中作用很大。随着信息技术的日益发展，多种形式的数字资源构成了文献的重要内容，拓展了文献的概念，学科结构也随之发生变化，新的研究领域——"网络计量学"出现了。

"文献计量学"这一概念也经历了一个发展的过程。E. W. 休姆（E. W. Hulme）在 1922 年提出"统计书目学"一词，并把它认定为一种定量研究手段，通过常规统计方法并用简单的文献计数揭示人类文明进程[1]。1948 年，S. R. 阮冈纳赞（S. R. Ranganathan）作为印度著名图书馆学家提出了新概念——图书馆计量学。但是，以前提出的概念都未能普及，一直到 A. 普理查德（A. Pritchard）在 1969 年提议用"文献计量学"来代替"统计书目学"，文献计

---

[1]　丁学东. 文献计量学基础［M］. 北京：北京大学出版社，1993.

量学这个概念才得到了情报学、图书馆学领域的普遍认同。苏联的 V. V. 纳利莫夫（V. V. Nalimov）于同年提出了"科学计量学"。随后又陆续出现了"情报（信息）计量学""网络计量学"等不同的学科名称 [1]。

随着对文献计量学的深入研究，大批有较高学术造诣的、各个学科背景的文献计量学专家涌现出来。其中比较有代表性的是普赖斯（Price），他出生于英国，是美国耶鲁大学医学史与科学史系的教授，著有《巴比伦以来的科学》《小科学、大科学》，在文献计量学领域具有深远影响，发现了逻辑增长率和指数增长率，提出最大引文年限、普赖斯指数和普赖斯定律的概念。1983 年，普赖斯去世。为了纪念他在文献计量学方面的卓越贡献，设立了普赖斯奖，这个奖项也被人们认为是文献计量学领域的最高奖项，主要奖励在文献计量学研究领域取得突出成就的学者。《科学引文索引》的创始人尤金·加菲尔德（Eugene Garfield）博士获得了 1984 年首届普赖斯奖。美国和欧洲国家是文献计量学研究的主要地区，自然科学是获奖者研究的主要领域，很多专家具有多学科背景。尽管人文社会科学文献的专门研究很少，但具有人文社会科学研究背景的学者却不乏其人，如获得社会学博士学位的荷兰学者雷迭斯多夫（Leydesdorff）、苏联的语言学家纳利莫夫，B.C. 布鲁克斯（B. C. Brookes）获得过语言学的博士学位 [2]。

尤金·加菲尔德创办的《科学引文索引》数据库具备大量的规范数据，为研究者进行定量分析奠定了基础，这极大地促进了文献计量学的发展。自然科学和医学是以期刊文献为基础的，因此，成了文献计量学研究的主要领域。随着社会发展，专利数据库不断完善，工程技术领域也具备了进行深入的文献计量分析的条件。但在人文社会科学领域主要依靠文献类型之一的图书进行学术交流，图书引文索引由于规模较小、面世时间较短，没有得到实际应用。这极大地限制了人文社会科学领域文献计量学的研究。尽管研究难度较大，学者们对文献计量学在人文社会科学领域的应用并未停止探索，近年来各国都对其进行了不同程度的发展和应用，也取得了系列成果。文献计量学

[1] 王斯琪. 2000—2014 年我国体育旅游文献计量研究［D］.北京：北京体育大学，2016.
[2] 蒋颖.人文社会科学领域文献计量学研究［M］.北京：社会科学文献出版社，2013.

专家斯莫尔（Small）、S. 科尔（S. Cole）和 J. R. 科尔（J. R. Cole）等利用文献计量学方法展开的一些研究，显示引文分析方法也适用于社会科学领域[1]。

斯莫尔对社会科学范围内各专业首次使用引文数据描绘出学科结构图，贾斯珀斯和阿克曼斯确定社会学与心理学之间的联结是通过期刊之间的引文模型完成的，J.R. 科尔与朱克曼（Zuckerman）在科学社会学研究中探讨相关问题时使用的也是引文数据。另外，INFROSS 是巴斯大学大范围研究社会科学需求和信息传输模式的项目，它利用参考文献年代分布和期刊之间的关系进行研究[2]。

近年来，数字化信息增长迅速，学术评价中大量运用文献计量学，许多国家通过设立基金会进行相关课题研究，学术界对文献计量学在人文社会科学领域的应用也逐步加强研究。

文献计量学在中国起步较晚，早期以自然科学研究为主，情报学和科学学界是研究者的主要来源，其发展过程大致分为三个阶段：第一阶段，初创文献计量学（20 世纪 70 年代末期到 80 年代中期）；第二阶段，发展文献计量学理论研究（20 世纪 80 年代中期到 90 年代中期）；第三阶段，广泛应用文献计量学（20 世纪 90 年代中期以后）。近十几年来，运用文献计量学在许多出版、期刊管理和科研管理等领域进行的研究以及其在期刊评价和学术评价方面的应用增多。随着中文人文社会科学引文数据库的建设，尤其是"中国社会科学引文索引"的建设和应用，文献计量学在人文社会科学方面产生了一批研究成果，推动了文献计量学在中国的发展[1]。

运用文献计量学在人文社会科学领域进行研究具有很大难度，要想得到可信的研究结果，既要遵循文献计量学在数据方面的基本要求，又要具有良好覆盖面的数据。良好覆盖面包括三个方面：第一，文献类型要全面；第二，收录有代表性的语种；第三，数据时间跨度要足够[1]。

人文社会科学领域各学科有不同的研究对象和方法，引起了文献交流方式的不同，所以要充分注意选择数据来源和分析过程。人文学科选择的主要

[1]　蒋颖.人文社会科学领域文献计量学研究［M］.北京：社会科学文献出版社，2013.
[2]　加菲尔德.引文索引法的理论及应用［M］.侯汉清，等译.北京：北京图书馆出版社，2004.

文献类型是图书，但目前多数引文数据库的基础是期刊，致使人文学科在分析过程中缺乏数据。社会科学的文献交流模式较为接近自然科学，期刊文献具有较高利用率，文摘数据库和引文索引能够覆盖文献的大部分，以这些数据为基础研究文献计量学能够体现更高的科学性。所以，在不同学科的分析与研究中尤其要注意文献交流特点在分析过程和选择数据来源中的差别，运用数据要恰当。

（一）文献计量理论对数据源的基本要求

1. 具备统计项目

在理论和实践中，对项目之间关系的统计是有区别的，理论上，对数据库中所有的项目与项目之间的关系能够利用计量方法进行统计。实践中，大体仅研究有意义的项目及项目之间的关系[1]。表1-2为文献计量学的计量元素。

表1-2 文献计量学的计量元素

项目类别	项目名称	计量的主要内容
出版物	期刊	创刊年度、学科、期率、篇幅、单位、编辑（出版）、页码、国别、文种、数量等
	专著	版次、出版社、学科、文种、数量等
	特种文献	报刊号、分类、完成周期、编发单位、数量等
	论文	发表年度、学科、文种、数量等
著者	作者	荣誉称号、职称、国别、年龄、性别、学位
	合作者	荣誉称号、职称、学位、国别、性别等
	译者	荣誉称号、职称、学位、国别、性别等
	编辑者	荣誉称号、职称、学位、国别、性别等
词汇	控制词汇	相关项、参见项、频次等
	自然词汇	音素、词性、长度、频次等
引文	著文	引文偶、数量、发表年度、学科、文种等
	引文	同被引强度、学科、作者、语种、年度、自引、数量等

[1] 蒋颖.人文社会科学领域文献计量学研究［M］.北京：社会科学文献出版社，2013.

续表

项目类别	项目名称	计量的主要内容
检索工具	类目	级位数量、数目等
	文献条目	类型、数量等
	索引词	款目形式、类型、数量等
	分类号	标记制度、被标引的顺次、数量等
其他	读者	借阅周期及习惯、阅读方式、构成、数量等
	复印件	学科、年度、语种、数量等
	文献载体	流通范围、类型等
	机构	服务方式及对象、数量、性质等

资料来源：王崇德. 文献计量学引论［M］. 桂林：广西师范大学出版社，1997.

表 1-2 所列出的统计项目中，少数是统计复杂计量字段之间的关系，多数是统计某一字段，如同被引、引文耦合、自引等。但近年新出现了更为复杂的统计项目之间关系计量的计算方法，如 h 指数、SJR 及特征因子等。

2. 数据覆盖面与完备性较好

数据覆盖面包括数据语种、国别、内容范围、时间范围和文献类型等方面，代表着数据的总体状况。数据源文献的收录需要有一定跨度的时间范围，长时间和大规模文献资料是进行文献计量学研究所需要的。文献包括学科的主要出版物类型，研究相关学科的主要国家以及语言等方面的文献，收录的内容在相关学科、主题中代表性较强。此外，分析结果的可信度还受到引文库中是否将文中出现的所有引文都进行了标引的直接影响。尽管数据的完备性与覆盖面很难达到非常理想的状态，但在实际研究与分析过程中，还要保证数据的完备性和覆盖面在该学科中能够代表主要状况，包括分析对象所在学科的文献类型、国家及语言、内容范围、时间范围等。

3. 数据质量较高

数据质量包含两个方面：其一，数据规范性；其二，数据准确性。基于数据统计的文献计量学，尤其经常研究文献之间的相互引用、网络连接等关系，因此对数据规范性与准确性的要求较高。文献的特征、正确的字段内容在准确性的数据中得到正确的反映。规范性的数据是按一定规则对各字段内容进行规范，如外文文献中作者姓和名的顺序，机构名称标注到哪一级单位、是否用全称等。尽管在建设引文数据库过程中，对多种能够统计的字段进行了规范，使得利用引文数据库具有的可信度较高，但在研究过程中还必须对数据进行整理与适当的清洗。

4. 数据的可获得性较好

能否获得有效的数据直接影响数据使用效果，有些数据库的使用需具备一定的条件，其强大的检索及统计功能，可直接下载并存档成能够统计的数据格式，同时，提供的数据统计及对比数据的结果可供参考，有利于文献计量过程中的统计分析工作。假如质量高的数据库不能直接访问，寻找免费数据实施折中不失为一种有效办法。有时多种数据源可以同时使用，以相互弥补各个数据库自身的不足，也可以结合调查问卷或者采用其他方法补充数据。

（二）文献计量学领域的可视化研究与应用

1. 可视化研究与应用的发展历程 [1]

文献计量学研究领域很早就开始用图形方式揭示和表现数据分析结果。20 世纪 60 年代，伴随着引文索引的诞生，大量的基础数据以及数据之间的引用关系吸引了一批研究者，他们采用各种数学方法挖掘数据之间的关系和存在的规律，并以图形方式对结果进行形象的揭示。普赖斯在其经典著作《巴比伦以来的科学》《小科学、大科学》中绘制了科学网络图，并提出科学前沿（scientific frontier）的概念。此后，利用图形来揭示科学前沿成为一种新的文献计量学分析方法。尤金·加菲尔德在 1964 年绘制了引文编年图，按照年代顺序描绘了学科的发展历程；20 世纪 70 年代，格里菲斯（Griffith）和斯莫尔在文献同被引测度的基础上绘制了学科专业结构图；1981 年出版的《生物化学和分子生物学科学地图》（*Atlas of Science in Biochemistry and Molecular Biology*）包括了 102 个科学前沿；20 世纪 80 年代法国卡隆等通过词的共现

---

[1] 蒋颖 . 人文社会科学领域文献计量学研究 ［M］. 北京：社会科学文献出版社，2013.

（concurrence）绘制出学科战略图，又提供了一种从内容分析角度揭示学科发展的方法。ISI 开发了多个可视化软件，包括以共引数据为基础绘制科学图谱的 SCI-Map、专利分析软件 TDA、引文编年可视化软件 HistCite 等，为可视化分析提供了方便。WoS 引文数据库检索结果网页也提供了图形方式的显示功能。荷兰莱顿大学科学技术研究中心的文献计量学专家们尝试利用可视化技术进行学术评价。美国的陈超美是近年信息可视化领域的一位新秀，他主持开发了可视化软件 Citespace，该软件可进行三维交互可视化分析，他还与同事一起利用该软件开展了多项可视化分析研究。

21 世纪以来，信息技术发展迅速、数字资源不断增加，可视化技术迎来了发展高峰，可视化方法有了快速进步，出现了多种新的图像表现方法，研究者们开发了大量可视化工具，使可视化技术得到越来越广泛的应用。运用动画、图像、图形来探索期刊、作者、文献、学科要素的相互关系以及开展学科结构、学科前沿和科学史方面的研究已经成为文献计量学重要而常见的内容。

国内学者较早地开展了文献计量学的可视化应用。例如，20 世纪 80—90 年代，北京大学的系列硕士论文就曾进行过聚类分析，利用 SPSS 统计分析软件中的聚类、多维尺度和因子分析等方法绘制论文、期刊、作者共引的二维图。但是由于技术难度大，当时的可视化应用并不广泛，对于可视化技术的研究也不够深入。近年来，国内文献计量学学者更加重视可视化研究和应用，随着研究的逐步深入，国内的可视化技术已经逐步发展到深化阶段，研究者也从了解可视化技术与方法以及学习使用国外可视化软件逐步过渡到将可视化方法熟练应用于实证分析当中，与国外学者的合作研究也较好地提升了国内的技术水平。

近年来，国内的可视化研究及应用内容主要包括以下几个方面：第一，对可视化技术及工具的介绍。例如，陈定权及其合作者的《引文分析可视化研究》《同引分析与可视化技术》、侯汉清及其合作者的《引文分析可视化研究》《引文编年可视化软件 HistCite 介绍与评价》《可视化同被引分析技术综述》等论文主要介绍可视化理论和实现方法以及国外可视化软件的功能。第二，利用可视化技术进行实证分析。这类研究突出的特点是与国外学者合作，进行深入分析，使用可视化方法，利用国内数据和国外软件揭示更深层的内容。例如，周萍等发表的《中国科技期刊引文环境的可视化》、金碧辉及其同事与雷迭斯多夫（Loet Leydesdorff）合作完成的《中国科技期刊引文网络：国际影响和国内影响分析》等。第三，研究科学知识图谱。简单地说，科学知识图谱是一种图形，它显示科学知识结构关系与发展进程，属于文献计量学可视化研究领域新崛起的分支。大连理工大学近年来对科学知识图谱的研究非常深入，其建立了 WISE 实验室（Webometrics, Informetrics, Scientometrics and Econometrics Lab，即网络计量学、信息计量学、科学计量学与经济计量学实验室），对知识图谱与可视化方法进行了系统、深入的研究和实践，并于2008 年出版了系列专著——《科学知识图谱：方法与应用》以及知识计量与知识图谱丛书。知识计量与知识图谱丛书含有 5 本，分别为《专利计量与专利制度》《隐性知识计量与管理》《管理学知识图谱》《科学学知识图谱》《科学计量学知识图谱》。《科学知识图谱：方法与应用》系统阐述了科学知识图谱的原理与方法及其在科学学与管理学前沿、工程技术前沿、科学技术合作等领域中的应用成果。知识计量与知识图谱丛书则分别对科学计量学、科学学、管理学、隐性知识和专利计量等领域进行了具体的应用研究。如果说此前对于可视化技术的介绍还有翻译引进的性质，那么这些著作的出版则标志着中国文献计量学可视化研究与应用达到了更高的发展阶段。第四，可视化技术的广泛使用。近年来，由于可视化软件的发展，制作可视化图形的难度大大降低，可视化技术得到了广泛使用。例如，Citespace 为免费开放的软件，并具有强大的分析功能，在国内得到广泛使用；Pajek 作为社会学的开放软件，在文献计量分析方面也得到了普遍应用。

可视化技术的应用提高了定量研究结果的显示效果。随着可视化工具的广泛应用与日益普及，出现了可视化图像过度使用的情况，所以，可视化工具怎样利用、如何很好地发挥其应有功能是将来需要面对的一个重要问题。目前，国内期刊的一些主编认为在某些论文中，由于用了过多的可视化图像，利用可视化技术不仅没有起到揭示和深化分析的作用，反而还存在误用或者装饰论文的问题。

2. 文献计量学的可视化过程

文献计量学领域可视化过程大体包括搜集数据、按照一定算法进行运算、对多维数据进行降维以及用图形进行表达和分析等几个步骤。第一，根据需要解决的问题确定数据源。可以作为可视化分析的数据源很多，如 WoS、CSA Ilumina、CSSCI 等都可以从不同角度进行分析。通常可根据各数据库的不同特点和研究问题的范围，确定利用哪种数据源，并从中搜集所需的基本数据。在获得初始数据后，需要针对分析单元进行数据的清洗和规范，以保证结果的准确度。第二，确定分析单元。常用的分析单元有作者、论文、词语、期刊等，因为不同的分析单元所揭示的问题层面不同，所以要根据研究的问题选择合适的分析单元。第三，进行测度。选好分析单元后就需要确定测度指标并进行计算，如计算耦合次数、共引频率、词的共现频率等，形成二维原始矩阵。因为很多工具软件对于矩阵的大小有一定限制（如 SPSS 最多只允许处理 256×256 的矩阵），同时，如果相关指标的值大多是零也缺乏研究意义，所以一般会按照指标的数值从多到少降序排列，取一定阈值以上的数据作为分析对象来构建矩阵。第四，计算相似度。这是将二维原始矩阵转换成相似度矩阵的过程。可以直接利用原始矩阵作为相似度矩阵，也可以对原始矩阵进行标准化处理后再计算相关系数，相关系数的计算常用皮尔逊相关系数法或 Cosine 法进行。第五，将多维数据进行降维，生成二维或三维图像。可视化技术的出发点就是利用降维技术把复杂的多维数据进行降维，在二维或三维图像中近似地反映数据之间的真实关系和结构，因此，降维是可视化中的核心工作。多维尺度方法、因子分析和主成分分析方法是文献计量学领域最常用的降维方法。此外，潜在语义分析（Latent Semantic Analysis）方法、寻径网络标度（Pathfinder Network Scaling，PFNET）方法、自组织映射图（Self-organizing Maps，SOM）方法、三角测量（Triangulation）方法、力矢量布局（Force Directed Placement，FDP）算法等也可用于降维。第六，进行聚类分析。聚类分析是按照一定的算法，把相近性质的事物归入同一类别，把性质差别较大的事物归入不同类别，将各事物的性质进行直接比较的分析技术。使用聚类分析技术将研究对象进行分类后，可以在视图中揭示不同类团的特点和类团之间的关系。第七，视图转换。视图转换是制作可视化图形或进行交互动作设计（Interaction Design）的过程。交互动作设计指过滤、摇动、放大、变形等方面的技术。第八，进行可视化图形的分析和解释。根据绘图结果，结合所分析主题的背景资料，对可视化图形进行合理分析和解释。这是可视化分析的最后一步，也是非常重要和关键的一步。[1]

二、文献计量学理论在新时代高校体育政策优化研究中的适用性

当前各个学科不断提高的科研水平，促使学科间的融合与交叉逐渐增强，单一学科研究的理论与方法也向相关学科转化和迁移。飞速发展的信息技术拓展了"文献"的概念，可以统计的各种信息和数字资源成为文献的重要组成部分。所以，作为图书馆学、情报学重要学科分支的文献计量学及其理论与研究方法，被交叉学科、相关学科引用也就成为现实。公共政策分析与研究中一种新的规范形式是在公共政策研究领域运用文献计量方法和理论，并量化分析公共政策文本。通过定量分析，从宏观方面把握和了解政策发展趋势及其演变规律，政策研究者和制定者可以得到经过验证的比较客观的分析结果。本研究经过对文献计量学理论的系统梳理，对新时代高校体育政策文本数量、载体形式、制定主体、文本内容等进行计量分析，得出相关研究结论。以科学量化和大量文本数据为基础进行分析所得出的这些研究结论具有较高的可信度。综上所述，文献计量学研究方法和理论在新时代高校体育政策优化研究中具有重要的理论和现实意义，要充分利用其对新时代高校体育政策进行分析和研究，推动新时代高校体育政策研究实践与理论的不断发展。

---

[1] 蒋颖.人文社会科学领域文献计量学研究［M］.北京：社会科学文献出版社，2013.

第二章

新中国高校体育政策文献计量及历史演变

第一节　新中国高校体育政策的文献计量及其分析

一、样本来源、选择与筛选

（一）样本来源

本章的新中国高校体育政策文本资料主要来源于法律法规网、教育部网站、国家体育总局网站，为防止遗漏，笔者查阅了原国家教育委员会政策法规司主编的《中华人民共和国现行教育法规汇编 1990—1995》、原国家教育委员会计划财务局编写的《中国教育统计年鉴 1987》、教育部法制办公室编写的《中华人民共和国教育法律法规规章汇编》、《中国教育年鉴》编辑部编写的《中国教育年鉴》、国家教育委员会体育卫生司主编的《学校体育卫生工作文件选编》（1988 年辽宁大学出版社出版）等书籍，保证了选取政策文本的全面性。需要说明的是，样本的选择不包括未公开颁布的政策文本。

（二）样本选择与筛选

根据研究的需要，本章选取 1949 年至 2020 年国家层面关于高校体育政策的文本作为研究对象。为保证所选的高校体育政策文本具有全面性和代表性，提高研究的针对性，研究者在教育部网站、国家体育总局网站、法律法规网以及相关数据库进行检索，之后查阅了《教育年鉴》《体育年鉴》《学校体育卫生文件选编》等纸质出版物，总计搜集到182份高校体育相关的政策文件，按照研究目的及需要对搜集的政策文本进行挑选和梳理。筛选标准如下：第一，只有中共中央、全国人民代表大会、国务院及其所属机构单独或联合颁布的国家层面各种高校体育政策文本适用。第二，文本类型为法律法规、规章、计划、决定、方法、标准、意见、规定、通知、章程、方案等。对研究内容有意义的个别文件的附件也予以采用，但请示、复函、批复等其他文件不予采用。第三，政策文本是以公开出版或刊登的方式对社会公布，不公开或无法查阅的高校体育文件不在选择范围之内。同时，剔除了具有明确指向的中小学体育政策、高校体育专业政策。经过筛选和梳理，最终确定了高校体育政策文本159件，可以作为本章合适的研究对象。

二、高校体育政策文献计量分析

（一）高校体育政策文本的载体形式

根据对1949—2020年高校体育政策和法律法规的整理与分析，高校体育政策主要由三种载体类型构成：①以法律和行政法规为载体的高校体育政策；②以部门规章为载体的高校体育政策；③以规范性文件和其他形式为载体的高校体育政策。如图2-1所示。

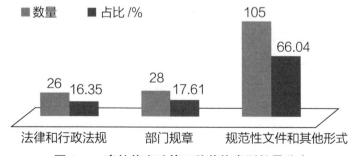

图2-1 高校体育政策三种载体类型数量分布

资料来源：根据法律法规网、教育部网站、国家体育总局网站下载资料整理统计生成。

1. 以法律和行政法规为载体的高校体育政策

以法律和行政法规为载体的高校体育政策是由全国人民代表大会及其常务委员会、国务院等具有法律和行政法规立法权限的机构制定的法律和行政法规。此类高校体育政策是经过实践检验且行之有效、已经成熟的高校体育政策。例如，《国家体育锻炼标准条例》《中华人民共和国教育法》（以下简称《教育法》)《中华人民共和国教师法》（以下简称《教师法》)《中华人民共和国体育法》（以下简称《体育法》)《全民健身计划纲要》《中华人民共和国高等教育法》《体育强国建设纲要》等均属于此类政策。超强的权威性、规范性和约束性是此类高校体育政策的重要特点，此类政策是高校体育政策中的"元政策"，其数量在高校体育政策总量中应该较少，但是，高校体育是高等教育的重要内容，一些与高校体育工作有关的高等教育法规也被列入高校体育政策，如《教育法》《中华人民共和国高等教育法》《教师法》《教师资格条例》《中共中央关于教育体制改革的决定》等，其数量为 26 件，占我国高校体育政策总量的 16.35%，如图 2-1 所示。

2. 以部门规章为载体的高校体育政策

部门规章由于制定机关的不同，可以分为两类：一类是在国务院组成部门和直属机构职权范围内制定的文件；另一类是地方行政规章。本研究仅对《学校体育工作条例》《教师和教育工作者奖励暂行规定》《学生伤害事故处理办法》《国家中长期教育改革和发展规划纲要（2010—2020 年)》《关于深化体教融合　促进青少年健康发展的意见》等国家层面的高校体育政策进行研究。这一类型高校体育政策是在高校体育管理、高校体育活动中对"元政策"的实施和落实而进行的具体约定和指导，相对于以法律和行政法规为载体的高校体育政策更为具体，其数量稍高于法律和行政法规，为 28 件，占高校体育政策总量的 17.61%，如图 2-1 所示。

3. 以规范性文件和其他形式为载体的高校体育政策

以规范性文件和其他形式为载体的高校体育政策，具体包括高校体育事业管理办法、法律法规的具体落实办法、部门规章实施办法、管理办法等内容。此类政策是法律法规和部门规章等政策事项的具体实施和安排，通常以多样的载体形式出现，其在效力、规范化、条文化方面弱于法律、行政法规和部门规章，但在针对性和操作性方面更加具体。经过统计整理，这类政策数量较大，为 105 件，占我国高校体育政策总量的 66.04%，如图 2-1 所示。

（二）高校体育政策文本量化分析

至 2020 年，高校体育经过 70 多年的发展，法制与政策建设工作取得了明显的进步。以宪法为根本大法，以培养社会主义建设合格人才为目标，以《教育法》《体育法》《教师法》等为基础，以与高校体育相关的配套法律为骨干，以行政法规、部门规章和规范性文件为保障，构建了系统完善的具有中国特色的高校体育政策法规体系。

高校体育政策年度颁布数量和变化发展趋势从表 2-1 和图 2-2 中可以看到。在历史发展的不同阶段，高校体育政策与当时的经济制度和政治环境相匹配，其形态、内容均鲜明地反映出时代特征。

1949—2020 年高校体育政策年均发文量为 2.23 项。计划经济阶段的高校体育政策（1949—1978 年）注重政策学习与建设，年均发文量为 0.4 项。在中华人民共和国成立初期特殊的国际、国内环境下，党和国家领导人都非常重视学生的身体健康，高校体育管理部门、高校体育工作者边学习借鉴边总结建设，逐渐形成了自己的高校体育政策，其间经历的特殊时期对高校体育政策的建设和发展造成了阻滞和破坏，使这一阶段的政策数量呈"平缓—停滞"状态。改革开放阶段的高校体育政策（1979—2011 年）注重政策恢复与发展，年均发文量为 3.1 项。改革开放后，一些在挫折时期废除的高校体育政策逐渐得到恢复。在改革开放的时代背景下，应 2005 年教育部独立组队参加世界大学生运动会、2008 年举办奥运会和依法治国的需要，为尽快改善学生身体健康状况，提高高校竞技体育水平，促进全民健身，相关法律法规相继出台，相较第一阶段，高校体育政策在数量、范围、内容方面显著增加，呈现"渐进—递增"态势。新时代高校体育政策（2012—2020 年）注重政策规范与多元化，年均发文量为 6.1 项。高校体育政策较前两个时期更加全面、细致、规范，根据培养人才的需要，政策目标转向多元。2015 年成功申办 2022

年北京冬奥会、《中国足球改革发展总体方案》颁布，校园足球、冰雪运动进校园得到高度重视，相关政策密集出台，这就形成了此阶段高校体育政策"跳跃—倍增"的态势。因此，从整体上看，高校体育政策呈现出"渐进递增与跳跃倍增"的发展态势。

表2-1　高校体育政策年度颁布数量统计表（1949—2020）

年度	1949	1950	1951	1952	1953	1954	1955	1956	1957
数量	0	0	2	0	1	1	0	0	2
年度	1958	1959	1960	1961	1962	1963	1964	1965	1966
数量	1	0	1	1	0	0	1	1	0
年度	1967	1968	1969	1970	1971	1972	1973	1974	1975
数量	0	0	0	0	0	0	0	0	1
年度	1976	1977	1978	1979	1980	1981	1982	1983	1984
数量	0	0	1	1	0	0	1	0	2
年度	1985	1986	1987	1988	1989	1990	1991	1992	1993
数量	1	2	2	0	2	4	0	2	2
年度	1994	1995	1996	1997	1998	1999	2000	2001	2002
数量	1	3	1	1	4	2	2	0	3
年度	2003	2004	2005	2006	2007	2008	2009	2010	2011
数量	0	8	13	11	11	3	2	4	1
年度	2012	2013	2014	2015	2016	2017	2018	2019	2020
数量	2	2	5	11	10	7	3	5	7

资料来源：根据法律法规网、教育部网站、国家体育总局网站下载资料整理统计生成。

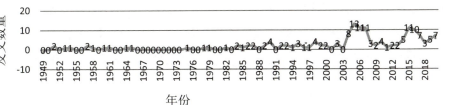

图2-2　高校体育政策发文趋势（1949—2020）

资料来源：根据法律法规网、教育部网站、国家体育总局网站下载资料整理统计生成。

第二节　新中国高校体育政策的历史演变及其分析

一、关于高校体育政策变迁研究的梳理

蒋吉撰文《改革开放三十年高校体育制度变迁研究》，研究梳理国家颁布的与中国普通高校体育有关的法律、法规、通知、办法等规范性文件，把表现出不同特征的高校体育制度自改革开放分为两个阶段：第一阶段，1977—1992 年，高校体育制度恢复与局部改革阶段，渗透"健康第一"的教育理念；第二阶段，1993 年以后，高校体育制度快速发展阶段，确立"健康第一"的教育理念。高校体育改革是制度变迁，变迁的路径选择对改革非常重要。选择路径主要有理性选择制度变迁方式、重视非正式制度变迁与正式制度变迁谐振、通过主体需要和社会需要结合解决改革中的利益冲突、提高对高校体育改革的认知、紧密依托社会制度环境[1]。何晓美、贾文彤撰文《我国学校体育政策发展的初步探析》，在实施《青少年"十二五"规划》以及青少年身心健康受到关注的大背景下，通过对学校体育政策、体育政策和公共政策的理解，对 1949—2012 年我国学校体育政策的发展历史进行梳理，把学校体育政策发展分为四个阶段：初始阶段（1949—1976 年）、逐步发展阶段（1977—1994 年）、快速发展阶段（1995—2004 年）和深入发展阶段（2005—2012年）。其认为"以人为本，健康第一"是在学校体育政策中得到更多体现的教育思想，指出至今依然存在的学校体育发展问题，并提出建议，为学校体育政策未来的制定提供帮助[2]。郑小凤、刘新民对 20 世纪 90 年代以来我国教育变革时期有关高等学校教师职业发展的政策进行研究，认为影响高校教师职业发展的政策制度有多项，主要体现为教师培训进修制度、考核制度、薪酬制度及职称晋升制度[3]。在教育变革时期，高校体育教师进修培训网络体系

[1]　蒋吉.改革开放三十年高校体育制度变迁研究［J］.文体用品与科技，2011（7）：106-107.
[2]　何晓美，贾文彤.我国学校体育政策发展的初步探析［J］.当代体育科技，2014，4（8）：95-96.
[3]　郑小凤，刘新民.我国教育变革时期高校体育教师职业发展政策制度探析［J］.西安体育学院学报，2020，37（4）：497-504.

基本建成，目前需要探索如何落实每 5 年 1 个周期的全员培训制度；考核制度进入分学科考核阶段，需要探索适合体育学科发展、激励体育教师发展的考核制度；薪酬制度改革逐渐完善，但仍需落实"同工同酬"；职称制度迎来职称评审权下放至高校的改革措施，研究适合体育教师的职称晋升制度迫在眉睫。

学者们依据一定的原则和自己对高校体育政策变迁的理解，将高校体育政策变迁划分成不同的阶段，总结了各阶段发展的特点，"以人为本，健康第一"教育理念在政策中得到更多体现。学者们同时指出，政策变迁的路径选择对高校体育改革至关重要，并针对高校体育发展中存在的问题提出建议，为未来制定高校体育政策提供参考。关于高校教师职业发展政策的研究认为，职称晋升制度、薪酬制度、考核制度、进修培训制度是影响高校体育教师职业发展的主要制度，目前仍需进一步落实培训制度，制定适合高校体育教师晋升的评审制度以及改革薪酬制度，激发体育教师工作的积极性，促进高校体育工作稳步高效发展。

回顾中华人民共和国成立 70 多年的发展历程，中国共产党带领中国人民为找到适合自己发展的道路付出了巨大的努力，高校体育作为教育的重要内容，与国家的发展同呼吸共命运。为全面、系统、透彻地掌握我国高校体育政策的基本情况，厘清 70 多年来高校体育政策的发展脉络，需要通过一些特定的方法对其进行量化与分析。参考党史和新中国经济制度变迁，以 1978 年十一届三中全会、2012 年党的十八大为节点，结合我国高校体育政策发展变化，本研究将新中国成立以来高校体育政策发展历程划分为计划经济阶段的高校体育政策（1949—1978 年）、改革开放阶段的高校体育政策（1979—2011 年）、新时代高校体育政策（2012—2020 年），并运用 ROSTCM 统计分析软件对高校体育政策每一阶段的中心内容进行挖掘、分析。

二、计划经济阶段的高校体育政策及其分析（1949—1978 年）

（一）时代背景概述

中华人民共和国成立初期，中国共产党和人民政府带领全国人民迅速恢复经济，在有计划地进行经济建设的同时，对我国的学校教育进行了有计划的社会主义改造，学校教育迅速建成新秩序，培养德、智、体全面发展的社会主义建设人才成为高校的主要目标。高校体育教学以学习苏联体育教学为中心，特别是学习"准备劳动与卫国体育制度"的经验，对高校体育的改造和发展起到了积极的作用。同时，我国原有的体育教学内容、形式和方法也得到了继承和完善。毛泽东主席于 1950 年 6 月 19 日，就中华人民共和国成立初期青少年身体健康不良的问题，给当时的教育部长马叙伦写信，提出了"健康第一、学习第二"的要求；第二年的 1 月 15 日，他再次就学生健康问题写信给马叙伦，建议解决学生健康问题可采取行政步骤。《关于改善各级学校学生健康状况的决定》是 1951 年 8 月由中央人民政府颁布的，它是党和政府在中华人民共和国成立后第一个促进学生健康与学校体育相关的重要文件。此文件的颁布确立了学校体育在新中国教育体系中的重要作用和地位，对推动发展我国的学校体育意义深远。1952 年 6 月，毛泽东主席指明了我国体育发展的根本方向，对人民体育运动做了"发展体育运动，增强人民体质"的题词，确定了学校体育工作的指导方针。

社会主义建设时期，为提高高校体育教学质量，教育部于 1956 年颁布了《一般高等学校体育课试行教学大纲》，并要求从 1956—1957 学年度第一学期开始在全国试行，这是我国高校体育教学工作规范化的重要标志。1957 年 3 月，教育部为规范体育课教学、提高教学质量，发布《关于 1957 年学校体育工作的几点意见》，其中规定：要按大纲要求认真上好体育课，体育课每周两学时。具体对体育教学大纲试行、教学质量提高等问题提出了要求。1957 年 5 月，《高等教育部关于高等院校一、二年级学生体育课不能改为选修课程的通知》指出，高校一、二年级的学生必修体育课，已经将体育课改为选修课或免修的学校，当年暑假开学时要恢复起来，各校的体育课应积极加强教学工作，提高教学质量。1961 年 9 月中共中央颁布《教育部直属高校暂行工作条例（草案）》（以下简称《高教六十条》），该条例在总则中提出：为了使大学生具有健全的体魄，学校要以教学为主，努力提高教学质量；学校必须根据中华人民共和国教育部统一规定的教学计划、教学大纲进行教学；教育行政部门应积极地、有步骤地帮助学校改善校舍和教学、体育、卫生、生活等方面的设备等。同时，教育部又颁布了全国统一使用的高校普通体育课男生教学大纲和女生教学大纲，保证了高校体育课教学及学生课外体育活动的正常开展。这个条例的颁布，对学校体育工作的规范及健康发展起到了十分重要的作用，同时为全国的学校体育法规与制度建设奠定了坚实的基础。

1975 年国务院颁布了《国家体育锻炼标准》。1978 年，教育部、国家体委、卫生部颁布了《关于加强学校体育、卫生工作的通知》，这个通知是在特殊时期之后中央三部委发出的第一个体育卫生工作的指导性文件。通知中提出要根据各地不同情况积极推行《国家体育锻炼标准》，广泛开展群众性体育活动，要求学校必须保证学生每天参加平均一小时的体育锻炼[1]。

（二）政策核心内容挖掘与分析

为了分析、挖掘在计划经济阶段高校体育政策文本的核心内容，本研究以对此阶段 12 项政策文本的仔细研读为基础，运用 ROSTCM 统计分析软件提取关键词的功能，提取每项政策文本中有实际意义的关键词。为确保关键词具有一定的代表性，仅统计排位前 40 的关键词，结果见表 2-2。

表 2-2　计划经济阶段高校体育政策文本词频统计

关键词	词频	关键词	词频	关键词	词频	关键词	词频
学生	178	体育运动	54	思想	20	爱国	15
学校	166	体育	42	运动	20	卫生运动	15
教育	83	群众	42	科学	19	教学工作	14

[1]　刘海元．"学生每天锻炼一小时"的沿革和落实思考［J］．体育学刊，2010，17（4）：40-44.

续表

关键词	词频	关键词	词频	关键词	词频	关键词	词频
教师	78	生产劳动	33	校长	18	卫生保健	14
卫生	71	体质	27	健康	17	管理	14
教学	71	师生	27	社会	17	体育课	14
高等学校	70	劳卫制	26	教授	17	工厂	13
领导	70	体育教师	25	指示	16	体育活动	13
学习	56	课程	24	共产主义	16	学生健康	13
科学研究	54	指导	22	体育锻炼	16	学校体育	13

资料来源：根据法律法规网、教育部网站、国家体育总局网站下载资料整理统计生成。

计划经济阶段高校体育政策文本中的核心关键词如图 2-3 所示。

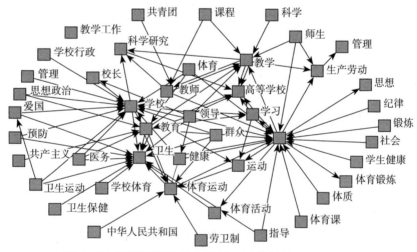

图 2-3　计划经济阶段高校体育政策关键词网络图谱

资料来源：根据法律法规网、教育部网站、国家体育总局网站下载资料整理统计生成。

从图 2-3 中可以观察到，存在于网络中心部位的关键词有"健康""体育运动""卫生""教师""学生""学校""领导""教育""高等学校"，表明这些关键词是第一阶段政策文本内容的核心，与其他关键词联系较为紧密。继而可以看到，"卫生保健""体育课""管理"等处于网络图谱边缘位置的大部分关键词，节点之间的关联非常稀少，是计划经济阶段政策文本内容的次重点。对于这一阶段的研究，选取了词频最高的 40 个关键词列入词表，排在前 12 位的关键词分别是"学生""学校""教育""教师""卫生""教学""高等学校""领导""学习""科学研究""体育运动""体育"，这些词都处在网络图谱的中间位置。在计划经济阶段选取的 40 个关键词当中，有 15 个关键词在后面两个阶段的高频关键词表中没有出现，是第一阶段所独有，它们分别是"学生健康""生产劳动""体质""师生""劳卫制""思想政治""指示""爱国""卫生运动""教学工作""工厂""卫生保健""教授""校长""科学研究"，约占该阶段高频关键词的 38%。该阶段独有的关键词反映了 1949—1978 年社会发展的烙印和时代特征。

计划经济阶段，高校体育政策受中华人民共和国成立初期国际、国内政治环境和我国经济制度的影响，边学习边建设，吸收总结国内外先进经验，初步形成了自己的高校体育政策雏形。

三、改革开放阶段的高校体育政策及其分析（1979—2011 年）

（一）时代背景概述

1978 年 12 月，党的十一届三中全会通过了实行改革开放以及党和政府的工作重心全面转移到经济建设上来的伟大决策，确立了中国共产党在新的历史时期社会主义建设事业的方针、政策、路线，开创了具有划时代意义的新纪元。在此基础上，高校体育工作重新建立规章制度，设置了各级组织机构，制定和实施了新的体育锻炼标准，开启了由计划经济向市场经济转变时期的改革开放阶段。

1979 年 5 月，教育部在江苏省扬州市召开了学校体育工作会议，此次会议规模是中华人民共和国成立至 1979 年最大的一次。会议讨论了《高校体育工作暂行规定》，表彰和奖励了先进集体及个人，参观了体育课、课外活动、运动队训练等。会议重新确立了学校体育工作的重要地位与作用，加强了对学校体育工作的组织领导与队伍建设，为高校体育工作进步发展奠定了思想基础。各高校开始全面进行学校体育工作的基本建设，重建高校体育工作秩序，加强体育师资队伍建设，组织编写教材，改进课堂教学，促进了教学质量的提高。各高校都进一步明确体育课的主要任务是使学生经常地、普遍地参加体育锻炼，在普及的基础上提高学生身体素质、提高学生运动技术水平。在体育教学中重视基础知识学习，强化基本技能的训练，针对学生体质现状区别指导，保证了体育教学的正常开展。实践证明，《高校体育工作暂行规定》促进了高校体育的规范化、制度化建设。

1982 年 9 月，党的十二大首次正式提出教育是发展经济的战略重点，是社会主义精神文明建设的重要组成部分，这是我们党高度重视教育工作的一项重大战略决策。1987 年 10 月，党的十三大进一步指出："百年大计，教育为本。必须坚持把发展教育事业放在突出的战略位置，加强智力开发。"1992年，党的十四大确立了具有中国特色的社会主义市场经济体制，同时明确提出要努力提高全民族的科学文化和思想道德水平，必须优先发展教育，这是实现我国现代化的根本大计。自此以后，中国的各项事业进入了一个全新、稳定的快速发展时期，对高等教育产生了巨大影响。随着改革开放的不断深入，高校体育改革在 20 世纪末期进入了一个崭新的阶段。

党的十三届四中全会以来，我国落实教育优先发展的战略地位，坚定不移地实行人才强国和科教兴国战略，颁布《教师法》《教育法》《体育法》《全民健身计划纲要》《中华人民共和国高等教育法》等。1999 年 6 月 13 日，中共中央、国务院发布的《关于深化教育改革全面推进素质教育的决定》指出，素质教育的根本宗旨是提高国民素质，学校教育要抓好智力教育，重视品德教育，同时加强体、美、劳和社会实践教育，协调、渗透多方面教育。学校要加强体育工作，树立"健康第一"的指导思想，使学生掌握锻炼技能，养成锻炼习惯，保证学生课外体育活动、体育课程的时间和场所，举办多种活动，培养学生竞争、合作精神以及顽强毅力，促进学生健康成长和全面发展，造就"四有"新人和全面发展的合格的社会主义建设者和接班人。

尽管 20 世纪后半期的学校体育取得了很大的成绩，但改革开放后飞速发展的社会生活逐渐暴露出建立在学科中心教育教学理论基础上的学校体育课程的不足。总的来说：我国学生身体形态与机能指标的增长速度较快，但平均值自 1985 年起已经低于日本；到 2000 年时，我国学生更是在耐力素质、爆发力素质、速度素质、柔韧素质等方面全面下降，除反映速度素质的 50 米跑成绩下降幅度较小外，反映其余各方面素质的运动项目的成绩下降幅度明显；学校体育在增强学生体质，提高学生健康水平，帮助学生掌握体育基础知识、基本技能和基本技术，让学生具备终身体育能力，对学生进行思想教育，培养学生的体育兴趣和终身体育意识方面都没有取得令人满意的成果[1]。为改善这种状况，中共中央、国务院及相关部门发布了一系列政策文件，如《教育部办公厅关于教育部直属高等学校实施〈国家学生体质健康标准〉的通知》《中共中央国务院关于加强青少年体育增强青少年体质的意见》《教育部 国家体育总局 共青团中央关于开展全国亿万学生阳光体育运动的通知》《教育部关于加强学校体育活动安全防范工作的紧急通知》等。同时，一些专家和学者通过调查研究，为改善学生体质健康状况进言献策，曹盛民、解欣、于明在《大学生身体素质现状调查》中提出，为进一步增强大学生的身体素质，使大学生将来能够更好地适应社会发展和工作岗位的要求，结合大学生的思想实际和高等院校教育的现实情况，建议主要采取以下六种途径：第一，注重引导大学生树立体育意识；第二，注重培养大学生参与体育活动的兴趣；第三，帮助大学生合理安排作息时间和体育锻炼内容；第四，积极开展丰富多彩的体育文化活动；第五，加快推进高校体育教学改革；第六，不断改善学校体育教学环境和教学条件[2]。

　　由于特殊历史原因，我国竞技体育人才培养形成了单一、封闭、独立发展的培养体系，与教育系统脱离，不重视文化教育，对运动员进行长期低水平、欠科学的运动训练，伤病率、淘汰率极高。当退役后的运动员再就业发展成社会问题时，人们开始质疑这一培养模式。此时，美国培养竞技体育人才的经验成为许多国家仿效的典范。众多大学生运动员在世界竞技体育赛场表现活跃，屡获优异成绩，学校成为培养竞技体育人才的基地，形成了管理、选拔、训练、竞赛一整套人才培养体系。由于受美国等国家成功经验的影响

[1]　谭华.体育史［M］.北京：高等教育出版社，2005.
[2]　曹盛民，解欣，于明.大学生身体素质现状调查［J］.教育与职业，2013（4）：46-47.

与对国内竞技体育人才培养模式的质疑，高校培养优秀高素质运动员成为我国培养竞技体育人才的目标指向，相关配套政策得以落实。原国家教委办公厅于1987年4月发布的《关于部分普通高等学校试行招收高水平运动员工作的通知》，规定了高水平运动员招生的政策；于1987年7月颁布的《关于试点高校培养高水平运动员的管理办法（试行）》，侧重的是管理高水平运动员。这两项政策对高水平运动员在高校的招生、训练、教学与管理、奖励与评估、生活与经费管理以及教练员等方面做出明确规定[1]。首批51所高校于1987年开始试办高水平运动队，翻开了高校竞技体育的新篇章。

为了加速高校试办高水平运动队工作的进程，实现原国家教委1995年提出的独立组队参加世界大学生运动会的目标，原国家教委于1995年颁布了《国家教委办公厅关于部分普通高等院校试办高水平运动队的通知》，这比1987年的通知更大限度地给了满足招生条件的运动员以优惠。因此，在体育系统退役运动员待安置、二线运动员增加，教育系统独立参加世界大学生运动会、高水平竞技体育人才短缺的条件下，退役运动员必然会进入高校[1]，并于2005年实现教育部独立组队参加世界大学生运动会的目标[2]。2005年4月颁发的《教育部、国家体育总局关于进一步加强普通高等学校高水平运动队建设的意见》在新时期高校高水平运动队竞赛制度、运动训练、学籍管理、招生政策等方面给出了发展建议[1]。我国竞技体育体制改革、体育产业的发展、CUBA篮球联赛的改革尝试，以及美国竞技体育高等教育化等方面的发展，从各个不同的侧面直接或间接地为高校竞技体育提供了借鉴和极好的发展机遇。特别是我国政治稳定、社会进步、经济繁荣，为办好高校竞技体育创造了良好的外部环境[2]。

（二）政策核心内容挖掘与分析

经过仔细研读这一阶段的92项高校体育政策文本，本研究运用ROSTCM

---

[1] 张浩.高校高水平运动队发展路径选择的研究［D］.北京：北京体育大学，2008.

[2] 张健，孙麒麟.新世纪我国高校竞技体育发展面临的机遇［J］.北京体育大学学报，2008，31（1）：122-124.

软件对该阶段的政策文本进行词频分析，并借助软件关键词提取功能提取了排在前 60 位的关键词，结果见表 2-3。

表 2-3 改革开放阶段高校体育政策文本词频统计

关键词	词频	关键词	词频	关键词	词频	关键词	词频
教育	2317	高等学校	259	设施	177	综合	142
学生	1679	科学	251	学校体育工作	177	资源	141
学校	1409	校园	244	教师资格	175	政策	139
体育	819	指导	222	体质健康	171	实践	133
高校	672	信息	214	体育工作	167	安全	132
教师	629	全民健身	211	阳光体育	165	经济	124
管理	535	评价	204	人才	162	健身	122
教学	507	培训	199	文化	161	教育教学	116
社会	481	场地	198	竞赛	160	群众	113
运动	468	评估	194	经费	160	器材	110
足球	427	学习	192	高等教育	160	社会主义	108
教育行政部门	360	领导	192	体育活动	154	高水平运动队	101
青少年	313	健康	184	创新	154	思想	98
政府	306	国务院	181	课程	153	科研	96
学校体育	278	体质健康标准	180	保障	147	锻炼	93

资料来源：根据法律法规网、教育部网站、国家体育总局网站下载资料整理统计生成。

结合图 2-4 的关键词网络图谱，很容易发现这一时期政策文本的关键词与前一个阶段相比更为复杂，关键词无论在数量上还是在彼此之间的联系紧密程度上都有了大幅度的提高，边缘节点关键词的数量增幅尤其明显。该阶段政策文本内容的核心关键词是"体育""教育""学生""学校"，其他关键词都围绕在这 4 个核心关键词周围。排名前 15 位的关键词分别是"教育""学生""学校""体育""高校""教师""管理""教学""社会主义""运动""足球""教育行政部门""青少年""政府""学校体育"。与前一阶段相比，一些关键词的位置发生了更迭，如"学习"虽然仍是这一阶段政策文本的核心，但是排名跌出了前 15 名，中心度呈现递减趋势；而"学校体育""运动""管理"等关键词热度升温，跻身前 15 名，说明随着时间的推移，政策文本中的核心内容发生了位移。另外，"体质健康标准""阳光体育""高水平运动队""安全""保障"等关键词是前一阶段所没有的。

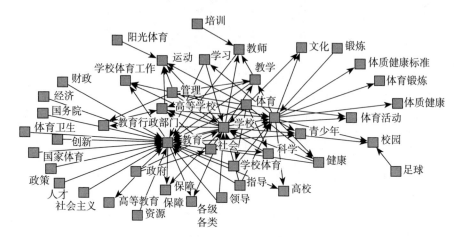

图 2-4　改革开放阶段高校体育政策关键词网络图谱

资料来源：根据法律法规网、教育部网站、国家体育总局网站下载资料整理统计生成。

"高水平运动队"频现，主要归因于 1984 年 11 月中共中央发出的《关于进一步发展体育运动的通知》：高水平运动队要大力建设好，优势项目集中力量发展，在今后的重大国际比赛中争取更优异的成绩，同时学校体育要重点抓好，发展城乡体育活动，坚持普及与提高相结合[1]。为改善退役运动员再就业难题，尝试调整高水平运动员培养模式，原国家教委制定了《全国培养高水平学生运动员试点学校申报审批暂行办法》《关于试点高校培养高水平运动员的管理办法（试行）》《关于部分普通高等学校试行招收高水平运动员工作的通知》等文件，这也是"高水平运动队"频现的原因[1]。

"全民健身"在这一阶段的政策文本中频现，说明其重要性日益显著，全民健身的兴起，顺应了历史发展的潮流。1995 年，国务院发布的《全民健身计划纲要》中提出：全民健身计划以儿童和青少年为重点，实施对象是全国

[1] 金世斌 . 改革开放以来我国体育政策演进与价值嬗变［J］. 体育与科学，2013，34（1）：36-41.

人民。青少年儿童的健康成长关系到国家富强和民族兴旺，全社会都要关心他们的健康和体质。各级各类学校要全面贯彻党的教育方针，努力做好学校体育工作，培养学生进行体育锻炼的意识、习惯和技能，进行终身体育教育。要继续搞好升学考试体育的试点，不断总结、完善，逐步推开。2009 年，温家宝总理签署第 560 号国务院令，公布《全民健身条例》。为切实提高青少年身体素质，该条例对学校组织学生参加校内外体育活动提出了明确要求：学校应当根据学生的年龄、性别和体质状况，组织实施体育课教学，开展广播体操、眼保健操等体育活动，指导学生的体育锻炼，提高学生的身体素质。学校应当保证学生在校期间每天参加一小时的体育活动。学校每学年至少举办一次全校性的运动会；有条件的，还可以有计划地组织学生参加远足、野营、体育夏（冬）令营等活动。此后，国务院于 2013 年、2016 年对《全民健身条例》进行了两次修订。

据阳光体育网关于阳光体育的介绍，"阳光体育"是指全国亿万学生阳光体育运动，是教育部、国家体育总局、共青团中央于 2007 年 4 月全面启动的一个工作项目，它是中国政府加强青少年体育工作的一项主要措施。"阳光体育"要求将青少年体育工作纳入各级政府的经济社会发展规划，青少年体育工作中的重要问题由相关部门联席会议统筹解决。"阳光体育"要求各级体育、教育、共青团组织等行政部门创造条件，形成良好的体育锻炼风气，使体育锻炼在全国大、中、小学中具有全员参与的群众性。有条件实施《国家学生体质健康标准》的学校达到 85% 及以上，每天锻炼一小时具备条件的学生达到 85% 及以上。"阳光体育"对学校的要求是：开展阳光体育运动，保证学生每个学习日有一小时锻炼时间，严格执行国家课时规定，开齐开足体育课，提高体育课教学质量。"阳光体育"要求学生必须掌握两项以上锻炼技能，每天坚持运动一小时，养成良好的体育锻炼习惯，体质健康标准等级达到及格以上。《中共中央 国务院关于加强青少年体育增强青少年体质的意见》要求广泛开展"全国亿万学生阳光体育运动"。学校要根据学生的年龄、性别和体质状况，积极探索适应青少年特点的体育教学与活动形式，指导学生开展有计划、有目的、有规律的体育锻炼，努力改善学生的身体形态和机能，提高运动能力，达到体质健康标准。《国家中长期教育改革和发展规划纲要（2010—2020 年）》提到要增强学生体质，科学安排学生的学习、生活、锻炼，保证学生睡眠质量。要大力开展"阳光体育"运动，保证学生每天锻炼一小时，不断提高学生体质健康水平。《国务院办公厅转发教育部等部门关于进一步加强学校体育工作若干意见的通知》指出，各级各类学校要制订和实施体育课程、大课间（课间操）和课外体育活动一体化的阳光体育运动方案。要创新体育活动内容、方式和载体，增强体育活动的趣味性和吸引力，着力培养学生的体育爱好、运动兴趣和技能特长，大力培养学生的意志品质、合作精神和交往能力，使学生掌握科学锻炼的基础知识、基本技能和有效方法，每个学生学会至少两项终身受益的体育锻炼项目，养成良好体育锻炼习惯和健康生活方式。《国务院办公厅关于强化学校体育促进学生身心健康全面发展的意见》指出，学校要定期开展阳光体育系列活动和"走下网络、走出宿舍、走向操场"主题群众性课外体育锻炼活动，坚持每年开展学生冬季长跑等群体性活动，形成覆盖校内外的学生课外体育锻炼体系。《教育部 国家体育总局 共青团中央关于开展全国亿万学生阳光体育运动的决定》和《教育部 国家体育总局 共青团中央关于全面启动全国亿万学生阳光体育运动的通知》指出，为全面贯彻党的教育方针，认真落实"健康第一"的指导思想，亿万学生阳光体育运动在全国范围内全面启动。结合《国家学生体质健康标准》的全面实施，教育部、国家体育总局、共青团中央共同决定，从 2007 年开始，亿万学生阳光体育运动在全国范围内的各级各类学校深入、广泛地开展，掀起群众性体育锻炼热潮。

在改革开放阶段的高校体育政策中，"安全""保障"备受重视。伤害事故一直是困扰学校体育改革发展的重要问题，为此，教育部于 2002 年出台了《学生伤害事故处理办法》，规范了学校与学生的法律关系、归责原则及赔偿等问题，但因其较低的法律效力，在实践中还存在一些质疑，如不合理地规避公平责任、部分条款条文超越权限范围规定等[1]。但是，其影响是巨大的，为高校体育改革的不断深化提供了法律保障[2]。另外，相关法律法规也为学校

---

[1] 陈博.《学生伤害事故处理办法》存在的问题分析［J］.体育学刊，2004（3）：9-13.

[2] 贾文彤，梁丹青，郝军龙，等.高校体育改革若干政策法规的回顾与分析——从改革开放后谈起［J］.河北师范大学学报（教育科学版），2009，11（2）：9-11.

体育安全保障体系提供了法律依据。《教育法》第四十四条，《中华人民共和国义务教育法》第二十四条，《体育法》第五条、第二十三条，对多位责任主体提出要求，在教育、制度方面提供依据，规定健康检查制度，保障青少年体育活动，并要求完善保障设施，以保护学生身心安全；《中共中央 国务院关于加强青少年体育增强青少年体质的意见》《国务院关于基础教育改革与发展的决定》《教育部办公厅关于组织开展学校体育工作专项督查的通知》，提出要"加强体育安全管理、指导青少年科学锻炼"，牢固树立"安全第一"的意识，切实加强学校安全工作，建立健全师生安全的规章制度，督导检查师资配备、体育设备设施达标情况以及运动安全和校方购买责任险经费落实情况。

可以说，改革开放阶段的高校体育政策为高校体育事业指明了方向，高校体育政策与新中国改革开放的政治制度、经济制度、教育制度紧密相连。其中独有的关键词是这一阶段高校体育政策文本中心思想的集中体现，反映了这一时期我国的高校体育改革同改革开放一样，没有样本可以借鉴，只能探索前行、恢复发展。

四、新时代高校体育政策及其分析（2012—2020 年）

（一）时代背景概述

党的十八大开启了中国特色社会主义建设新时代。在党的领导下，我国迎难克艰、凝心聚力，使许多长期困扰的难题得到解决，办成了许多大事，推动了我国在新的历史起点的发展，促进中国特色社会主义进入了新时代。其间，我国的改革开放和社会主义现代化建设取得了根本性、深层次、全方位、开创性的历史成就。国家政治、经济、科技、国防、教育、体育等方面的实力显著增强，综合国力、国际影响力、人民获得感明显提升。

我国经济发展在新时代由高速增长阶段转入中高速增长的高质量发展阶段。改革开放后，经过 40 多年的繁荣发展，我国已成为全球第二大经济体[1]，

---

[1]　张侠，许启发.新时代中国省域经济高质量发展测度分析［J］.经济问题，2021（3）：16-25.

这为我国的各项事业的发展提供了源源不断的动力。同时，我国社会的主要矛盾已经转化为人民日益增长的美好生活需要和不平衡不充分的发展之间的矛盾[1]。教育领域的主要矛盾转变为人民群众对更公平更有质量的教育需求与教育发展的不平衡不充分之间的矛盾[2]，特别是随着 2020 年全面建成小康社会、2035 年基本实现现代化和 2050 年全面建成社会主义现代化强国战略部署的逐步推进，高等教育面临的发展不平衡和不充分的矛盾更为突出[3]。我国的教育人口、教育体系在世界上规模最大，虽然党的十八大以来教育发展水平在群体、学校、地区之间仍然有较大差异，但是我国已经具备办好教育的能力，总体上进入世界中上行列。2019 年，我国高等教育的毛入学率超过50%，进入普及化高等教育阶段。目前，我国的高等教育向内涵式发展发力，取消"985 工程""211 计划"，建设"世界一流大学和一流学科"，建立动态调整机制，高等教育质量得到大幅提升。办好新时代的高等教育，迫切需要我们进一步明确新时代高等教育发展的阶段性特征、把握新时代高等教育发展面临的主要矛盾，进而找到提升高等教育质量、促进其内涵发展的有效路径。高等教育在新的历史阶段的特征为从大众化到普及化、从教育大国到教育强国、从适应经济发展到引领经济发展三个跨越阶段[4]。

在中国特色社会主义新时代，体育在现代化建设中的地位和作用体现在其具有政治、经济、社会、文化等功能上，发展体育事业、建设体育强国在推进新时代中国特色社会主义发展、建设现代化强国的历史进程中具有极其重要的地位和作用[5]。体育是新时代健康中国、体育强国战略思想的实践根基。预防疾病、强身健体，倡导健康的生活方式，是人民群众对体育的需求，是健康中国战略的一部分，赋予了体育更大的使命。在新的历史起点上，为了更加美好的生活，"身"与"心"的健康同等重要。但是，我国学生的身体健

[1] 詹勤彬.从党的历程看中国特色社会主义进入新时代［J］.学理论，2021（3）：7-9.

[2] 薛二勇，李健.新时代教育规划的形势、挑战与任务［J］.中国教育学刊，2021（3）：19-24.

[3] 李长安.努力化解新时代高等教育发展的主要矛盾［J］.山东高等教育，2018，6（1）：7-8.

[4] 白强.新时代中国高等教育改革发展的再思考［J］.铜仁学院学报，2019，21（3）：40-48.

[5] 朱维宁.论体育在新时代我国现代化建设中的地位和作用［J］.南京体育学院学报（社会科学版），2017，31（5）：6-10.

康状况不容乐观，如近视呈现高发、低龄化趋势，严重影响孩子们的身心健康，必须予以高度重视。党的十八届三中全会通过的《中共中央关于全面深化改革若干重大问题的决定》要求，强化体育课和课外锻炼，促进青少年身心健康。习近平总书记高度重视青少年身心健康，指出"要树立健康第一的教育理念，开齐开足体育课"，"促进身心和人格健康发展"。

教育部原部长陈宝生在谈到体育教育问题时指出，"全面提升学校体育教育质量"，"推动校园足球蓬勃发展，带动学校体育改革"；体育教育是教育事业的基础性工作，要办人民群众满意的教育[1]。教育强国必须落实到"育人"的全过程中，促进学生身心协调发展、智体相互促进。重视"健康第一"指导思想的实施，不仅需要在体育教育中保证"每天锻炼一小时"，还要兼顾身体技能的培养、运动项目的掌握、身体素养的习得、意志品质的磨炼，使体育教育形式多样、内容丰富、时空恒长，以适应新时代教育强国的建设需要[2]。新时代学校体育满足学生对美好生活的需要、提升学生体育与健康学科核心素养的制约因素是发展中的不平衡、不充分问题，主要表现为区域发展、城乡发展的不平衡，资源供给、制度供给的不充分，跨部门协同治理不完善是制度供给不充分的突出表现。此外，自党的十八大以来，教育部门为保障学校体育工作的开展出台了新政策，如《高等学校体育工作基本标准》《学生体质健康监测评价办法》《关于强化学校体育促进学生身心健康全面发展的意见》《教育部等6部门关于加快发展青少年校园足球的实施意见》《教育部等四部门关于加快推进全国青少年冰雪运动进校园的指导意见》《体育总局 教育部关于印发深化体教融合 促进青少年健康发展意见的通知》《关于全面加强和改进新时代学校体育工作的意见》等。高校体育政策从内容、体例、工具、目标等方面显示出规范化与多元化，推动了高校体育工作踏实、稳步、有效进行，确保高校体育政策目标的达成。

改革开放40多年来，国外思潮与国内学派的交融、中央政策与地方政策

[1] 陈宝生.办好中国特色社会主义教育　以优异成绩迎接党的十九大胜利召开——2017年全国教育工作会议工作报告 [J].人民教育，2017（Z1）：12-26.
[2] 肖荣华，袁峰.新时代迈向体育强国的征程——理解党的"十九大"报告精神意涵 [J].广州体育学院学报，2021，41（1）：13-17.

的呼应、教育发展与体育发展的协同，共同铸就了我国学校体育的发展成就，主要表现为：学校体育"健康第一"的指导思想深入人心，组织管理机构逐步完善，各类规章制度日益健全，课程改革取得重大突破，体育场地设施与教师队伍建设取得长足进步[1]。此阶段高校体育成绩的取得是时代背景下高校体育政策引领的结果。经过恢复与发展的高校体育政策，在政策内容、形式、工具、范围、目标等方面达到规范化与多元化。

（二）政策核心内容挖掘与分析

为挖掘这一阶段高校体育政策文本的核心内容，本研究运用 ROSTCM 内容挖掘软件提取该阶段的研究样本关键词，选择词频排名前 60 的关键词进行统计，统计结果见表 2-4。

表 2-4　新时代高校体育政策文本词频统计

关键词	词频	关键词	词频	关键词	词频	关键词	词频
教育	2317	组织	259	设施	177	综合	142
学生	1679	科学	251	体育工作	177	资源	141
学校	1409	校园	244	教师资格	175	政策	139
体育	819	指导	222	体质健康	171	实践	133
高校	672	信息	214	心理健康	167	安全	132
教师	629	全民健身	211	阳光体育	165	适应	124
管理	535	评价	204	人才	162	健身	122
教学	507	培训	199	文化	161	教育教学	116
社会	481	场地	198	竞赛	160	群众	113
运动	468	评估	194	经费	160	器材	110
足球	427	学习	192	高等教育	160	社会主义	108
行政部门	360	领导	192	体育活动	154	高水平	101
活动	313	健康	184	创新	154	思想	98
政府	306	国务院	181	课程	153	科研	96
学校体育	278	健康标准	180	保障	147	锻炼	93

资料来源：根据法律法规网、教育部网站、国家体育总局网站下载资料整理统计生成。

---

[1]　季浏，马德浩.改革开放 40 年我国学校体育发展回顾与前瞻［J］.体育学研究，2018，1（5）：1-11.

　　结合表 2-4，在这一阶段，词频排名前 20 的关键词分别是"教育""学生""学校""体育""高校""教师""管理""教学""社会""运动""足球""行政部门""活动""政府""学校体育"等，这些关键词成为这一阶段政策文本的核心。在这一阶段关键词表中，代表性的关键词有"教育教学""健身""安全""资源""综合""保障""创新""体质健康""适应""健康标准""活动""心理健康""足球"等，其中"足球""心理健康""适应"等关键词体现了这一阶段政策文本的多样性、综合性、专门性、时代性等特征，反映了高校体育政策中的重点领域。

　　"校园""足球"是政策中受到特别关注的关键词。为加强后备足球人才储备和培养，促进青少年体质健康水平整体提高，协调、统筹全国校园足球相关活动安排，2009 年 2 月 18 日，国家体育总局联合教育部成立了"全国青少年校园足球工作领导小组办公室"，4 月，发布了《关于开展全国青少年校园足球活动的通知》，首选布局足球城市 44 个，在政策、资金等方面给予大力支持。2015 年，教育部通过了《关于加快发展青少年校园足球的实施意见》，在全国 10 个县确定了 6000 个学校作为试点优先发展校园足球。2015 年 2 月通过的《中国足球改革发展总体方案》确立了我国足球发展的近期目标、中期目标、远期目标。2015 年 7 月通过的《关于加快发展青少年校园足球的实施意见》提出了"支持建设 2 万所左右青少年校园足球特色学校，2025 年达到 5 万所。重点建设 200 个左右高等学校高水平足球运动队"。这一系列国家层面的校园足球政策顶层设计，标志着我国校园足球进入了新的发展阶段。[1]

　　随着国家经济社会的发展，大学生的生活条件和环境发生了极大变化，一些学生因难以承受挫折和打击，发生了许多校园伤害事故，而高校体育具有调适、干预心理活动的作用，所以，在高校体育政策中频现"身心健康"的相关词语。高校所培养的人才最终要为社会主义现代化建设贡献力量，竞争与合作成为新时代社会发展态势，复杂的社会环境需要人们具有适应社会的能力，因此，社会适应被提到高校体育政策中来。高校体育政策为实现这

[1]　朱乔. 提升我国校园足球政策执行力的路径研究 [J]. 南京体育学院学报，2018，1（11）：36-40.

一目标，将校园足球作为突破口，实现足球的育人功能。校园足球在图谱中明显展示出来，说明高校体育政策在学校体育项目发展中优先重视足球。发展青少年校园足球是党中央、国务院做出的战略部署，是落实立德树人根本任务的育人工程，是提高中国足球普及程度和竞技水平的基础工程，是全面推进学校体育综合改革、推进体教融合深度发展的探路工程。《中国足球改革发展总体方案》《关于加快发展青少年校园足球的实施意见》《教育部办公厅关于组织开展加快发展青少年校园足球重点督察工作的通知》《全国青少年校园足球八大体系建设行动计划》等文件对校园足球的场地、高水平运动队、训练、教学、教材、竞赛、经费、风险防控等做出了明确的规定：推动成立大中小学校园足球队，抓紧完善常态化、纵横贯通的大学、高中、初中、小学四级足球竞赛体系，探索将高校足球竞赛成绩纳入高校体育工作考核评价体系；搞好体教结合，加强文化教育、意志锤炼和人格熏陶，促进足球运动员全面发展；创造条件满足校园足球活动的场地要求；形成内容丰富、形式多样、因材施教的青少年校园足球教学体系，课程设置、教学标准、教材教法和教学资源等教学要素更加衔接配套，校园足球教学质量明显提升；形成赛事丰富、赛制稳定和赛纪严明的青少年校园足球竞赛体系，球队建设、课余训练、赛事运行等更加规范高效，校园足球运动水平稳步提高；以普及校园足球示范带动校园田径、篮球、排球等其他体育运动项目发展；加强校园足球运动伤害风险管理，制定安全防范规章制度，加强运动安全教育、检查和管理，增强学生的运动安全和自我保护意识；大力宣传青少年校园足球的发展理念、育人功能，以及校园足球文化和先进经验，在全社会营造关心、支持校园足球发展的良好氛围；突出校园足球等集体类项目竞争合作的特点，培养具有竞争合作精神的现代化人才。

第三节　新中国高校体育政策演变态势及其阶段特征

一、高校体育政策发文量呈现波浪式递进与跳跃式倍增的发展特征

1949 年至 2020 年高校体育政策平均年发文量为 2.23 项。其中，计划经济阶段（1949—1978 年）年均发文量为 0.4 项，改革开放阶段（1979—2011 年）年均发文量为 3.1 项，新时代（2012—2020 年）年均发文量为 6.1项。1949—1978 年，在学习与建设过程中，我国高校体育政策规范初步形成，反复经受挫折。1979—2011 年，随着改革开放的深入，政策逐渐恢复之后，探索前进、不断发展，与前一阶段比较，数量成倍增长。2012—2020 年，政策数量、范围、形式、内容逐渐规范，并且政策目标向多元化发展，政策数量相较前两个阶段成倍增长。从图 2-2 中可以发现，新中国的高校体育政策在发展过程中并不是持续匀速增长，而是断续增加，呈现波浪式发展，且每逢国际国内教育、体育大事件，政策数量都会骤然增加，之后回落，呈现出跳跃式倍增态势。比如，2005 年教育部独立组队参加世界大学生运动会、2008 年北京奥运会、2015 年校园足球受到高度重视、2015 年成功申办 2022 年北京冬奥会，其间政策数量都呈跳跃式倍增态势。因此，从整体上来看，高校体育政策数量变化呈现出"波浪式渐进与跳跃式倍增"的发展特征。

二、计划经济阶段高校体育政策重点围绕身体健康建设体育课程

本阶段政策研究从 1949 年起，至 1978 年党的十一届三中全会止，这一阶段有三个标志性政策文件：其一，1951 年中央人民政府政务院颁布的《关于改善各级学校学生健康状况的决定》，这是第一份有关高校体育的政策文件。其二，1975 年颁布的《国家体育锻炼标准》，号召全面学习苏联教育理论、体育教育理论等，这是在"准备劳动与卫国体育制度""劳动卫国体

育制度"（简称劳卫制）的基础上完成的，《国家体育锻炼标准》是我国自己的第一部体育锻炼标准。其三，1961 年颁布的《教育部直属高等学校暂行工作条例（草案）》，明确了高校的培养目标和任务，规定了生产劳动与教学的安排，使高校工作有章可循，走向有序化、规范化，教育质量明显提高，同时在教育实践的层面产生了巨大的影响。本研究对计划经济阶段的政策文本进行词频分析，挖掘出可以反映当时时代背景和发展烙印的关键词，如"生产劳动""体操""师生""劳卫制""思想政治""校长""教授""卫生运动""教学工作""卫生保健""工厂""学生健康"等。结合这一阶段高校体育政策的基本概况和对政策文本核心内容的挖掘得出，该阶段高校体育政策强调紧紧围绕学生的体质健康进行高校体育课程体系建设，保卫国家和进行经济建设，兼顾军事体育和生产劳动。同时，通过传播科学思想、科学方法、体育知识等方式，提升公民健康意识、促进公民健身行动，从根本上增强我国公民的身体素质，这是我国特定的历史阶段所决定的。

三、改革开放阶段高校体育政策坚持普及与提高促进身心健康

该阶段相关政策性文件以 1979 年发布的《关于贯彻全国学校体育、卫生工作经验交流会议纪要精神的联合通知》、1987 年出台的《关于部分普通高等学校试行招收高水平运动员工作的通知》、1990 年发布的《学校体育工作条例》、1995 年颁布的《体育法》、2006 年发布的《教育部 国家体育总局 共青团中央关于开展全国亿万学生阳光体育运动的通知》、2007 年发布的《中共中央国务院关于加强青少年体育增强青少年体质的意见》最具代表性。《关于贯彻全国学校体育、卫生工作经验交流会议纪要精神的联合通知》是十一届三中全会之后关于学校体育工作的第一份文件，使学校体育的地位在一定程度上得到提高，在恢复调整的基础上推动学校体育卫生工作向前发展。《关于部分普通高等学校试行招收高水平运动员工作的通知》是第一份关于高水平运动队招生的通知，在高校高水平运动队建设方面具有里程碑式的意义。《学校体育工作条例》是我国学校体育工作的纲领性文件，为学校体育工作指

明了方向，将我国学校体育工作逐渐纳入规范化管理和科学化发展的轨道[1]。《体育法》是新中国第一部关于体育的法律，其颁布和实施使中国体育法治之路越来越宽广，同时其在中国体育发展和体育法治建设中的重要意义得到越来越充分的彰显[2]。《教育部 国家体育总局 共青团中央关于开展全国亿万学生阳光体育运动的通知》指出，开展阳光体育运动，要与课外体育课活动相结合。配合体育教学、保证学生平均每个学习日有一小时体育锻炼时间。通过多种形式，大力宣传阳光体育运动，广泛传播健康理念，使"健康第一""达标争优、强健体魄"等口号家喻户晓，深入人心。《中共中央国务院关于加强青少年体育增强青少年体质的意见》指出增强青少年体质、促进青少年健康成长，是关系国家和民族未来的大事。本研究对改革开放阶段政策文本进行词频分析，挖掘出"阳光体育""高水平运动队""现代化""技术""体制""体质健康标准"等具有这一阶段鲜明发展烙印的关键词。这一阶段我国高校体育政策基本情况，反映了这个阶段现代化建设过程中进行的教育体制改革，高校体育坚持普及与提高，发挥高校竞技体育的示范、影响作用，促进学生身心健康发展，为社会主义现代化建设培养合格人才。

四、新时代高校体育政策以校园足球为引领培养竞合精神

该阶段代表性的政策有《国务院办公厅转发教育部等部门关于进一步加强学校体育工作若干意见的通知》《教育部等四部门关于加快推进全国青少年冰雪运动进校园的指导意见》《国务院办公厅关于印发体育强国建设纲要的通知》《关于全面加强和改进新时代学校体育工作的意见》。教育部关于印发《高等学校体育工作基本标准》的通知，使各高校充分认识加强学校体育工作的重要意义，认真落实《高等学校体育工作基本标准》，牢固树立"健康第一"的指导思想，切实加强规范管理和领导。《高等学校体育工作基本标准》是对全日制普通高等学校体育工作的基本要求，也是评估、检查高等学

[1] 薛誉.滞后与完善：对《学校体育工作条例》的审视［J］.西安体育学院学报，2014，31（6）：662-665.
[2] 于善旭.《中华人民共和国体育法》的颁行成效与完善方案［J］.体育科学，2015，35（9）：3-10.

校体育工作的重要依据。《教育部等 6 部门关于加快发展青少年校园足球的实施意见》，把发展青少年校园足球作为落实立德树人根本任务、培育和践行社会主义核心价值观的重要举措，作为推进素质教育、引领学校体育改革创新的重要突破口，充分发挥足球育人功能，遵循人才培养和足球发展规律，理顺管理体制，完善激励机制，优化发展环境，大力普及足球运动，培育健康足球文化，弘扬阳光向上的体育精神，促进青少年身心健康、体魄强健、全面发展，为提升人口素质、推动足球事业发展、振奋民族精神提供有力支撑。文件集中体现了以校园足球为引领，带动篮球、排球等项目全面发展，大力推动冰雪运动进校园，打造特色项目、助力 2022 年冬奥会，培养学生的意志品质、合作精神和交往能力，使其适应社会发展。本研究对该阶段政策文本进行词频分析，其中"创新""足球""校园""实践""高水平""体质健康""保障""安全""社会""适应""心理健康"等新兴关键词体现了这一阶段政策文本的主题多样性、目标多元性、功能综合性、项目引领性的时代性特征，反映了高校体育政策中新的重点领域。同时，校园足球等集体项目中的团队合作与拼搏竞争精神正是培养大学生社会适应能力的良好媒介和平台，受到党和国家的高度重视。

第三章

新时代高校体育政策的发文主体及其网络特性

继高校体育政策文献计量及演变历程研究之后，本章对新时代中国特色社会主义阶段高校体育政策的发文主体及其网络特性进行研究。发文主体是政策主体的成员之一，是制定并发布政策的主体。

政策主体（政策活动者）是直接或者间接地参与政策制定、执行、评估和监控的个人、团体或组织[1]。也就是说，政策主体是由直接或间接参与政策活动的个人、团体或组织构成的，包括政策制定主体、政策执行主体、政策评估和监控主体。政策执行主体、政策评估和监控主体分布在整个国家机构的各个部门，规模、数量庞大，但还未建立规范、标准的统计范式。现有国家层面政策研究者，一般将对象设定为制定及发布有关政策的国务院组成部门及其直属机构以上的国家政策制定部门[2]。所以，本章的研究对象是指新时代高校体育政策的制定主体，又称发文主体。高校体育政策在政策研究中是比较具体的政策，为便于研究，本研究将政策制定主体向下延伸到国务院组成部门及其直属机构所属的司局机构。从制定主体视角看，新时代高校体育政策存在单独部门发文和多个部门联合发文两种情况。

由于中华人民共和国自成立以来，国务院组成部门历经多次调整，一些

[1] 郭雯. 设计服务业创新政策的国内外比较及启示［J］. 科研管理，2010，31（5）：124–130.
[2] 罗若愚，范利君. 2006—2014 年我国创新政策制定主体协同问题研究［J］. 中州学刊，2016（12）：28–32.

部门的所属领域、职能、名称有所变化，为便于统计，涉及此类现象的部门均以现阶段国务院组成部门为准。例如，第一届国务院组成部门中，科技、文化与教育领域设置有教育部、高等教育部、文化部；民族、人口与健康领域设置有卫生部、国家民委、国家体委、国家侨委；第四届国务院组成部门中，高等教育部合并到教育部；第六届国务院组成部门中，教育部改为国家教委（1985年6月18日），国家体委划归经济领域，第七届又回归科技、文化、教育与体育领域；第九届国务院组成部门中，国家教委改为教育部，国家体委改为国家体育总局，成为国务院直属机构。2018年3月13日，国务院机构改革方案公布，根据该方案，改革后，国务院正部级机构减少8个，副部级机构减少7个，除国务院办公厅以外，国务院设置组成部门26个。

第一节　新时代高校体育政策发文主体分析

一、高校体育政策发文主体构成

参与新时代高校体育政策制定的主体有35个，分别是全国人大及其常务委员会、中共中央、国务院、中共中央办公厅、国务院办公厅、中央组织部、中央宣传部、教育部、国家体育总局、国家卫生健康委员会、财政部、国家发展和改革委员会（以下简称国家发展改革委）、国家广播电视总局、共青团中央、文化和旅游部、自然资源部、民政部、人力资源和社会保障部、农业农村部、住房和城乡建设部、工业和信息化部、水利部、国家林业和草原局、海关总署、国家税务总局、国家市场监督管理总局、国家金融监督管理总局、中华全国总工会、中华全国妇女联合会（以下简称全国妇联）、中国残疾人联合会（以下简称中国残联）、教育部办公厅、财政部办公厅、教育部体育卫生与艺术教育司（以下简称教育部体卫艺司）、中国足球协会（以下简称中国足协）、北京奥组委秘书行政部。按照发文主体的权威性来划分，以上35个发文主体的权威性大致可分为三个层次：第一层次为全国人大及其常务委员会、中共中央、国务院；第二层次为中共中央办公厅、国务院办公厅、中央组织部、中央宣传部、教育部、国家体育总局、财政部、国家发展改革委、国家广播电视总局、文化和旅游部、自然资源部、民政部、国家卫生健康委员会、人力资源和社会保障部、农业农村部、共青团中央、住房和城乡建设部、工业和信息化部、水利部、国家林业和草原局、海关总署、国家税务总局、国家市场监督管理总局、国家金融监督管理总局、中华全国总工会、全国妇联、中国残联；第三层次为教育部办公厅、财政部办公厅、教育部体卫艺司、中国足协、北京奥组委秘书行政部。新时代国家层面高校体育政策发文主体框架如图 3-1 所示。

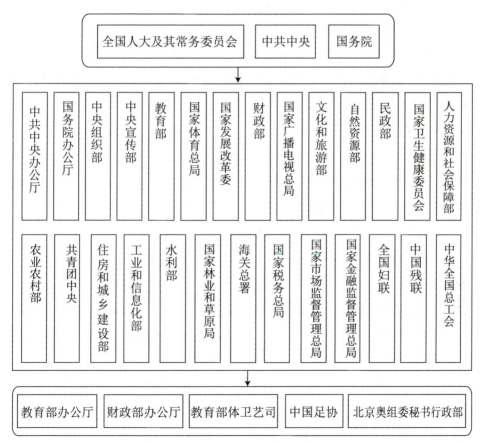

图 3-1　高校体育政策发文主体框架

资料来源：根据法律法规网、教育部网站、国家体育总局网站下载资料整理统计生成。

经过统计整理，新时代高校体育政策有 55 项，由第一层次发文主体颁布的高校体育法律、法规、政策文件有 7 项，约占总数的 12.73%；由第二层次发文主体发布的规章制度有 28 项，约占总数的 50.91%；由第三层次发文主体发布的政策文件有 20 项，约占总数的 36.36%。

二、单独发布高校体育政策主体分析

由表 3-1、图 3-2 可知，新时代单独制定高校体育政策的主体有 6 个，由全国人民代表大会及其常务委员会修订的法律法规有 3 项，约占总数的 7.69%，由国务院颁布的行政法规有 2 项，约占总数的 5.13%。第一层次单独发文主体共发文 5 项，约占总数的 12.82%；第二层次单独发文主体中，国务院办公厅、教育部合计发文 17 项，约占总数的 43.59%；第三层次单独发文主体中，教育部办公厅、教育部体卫艺司合计发文 17 项，约占总数的 43.59%。在新时代，目前还没有关于高校体育政策的法律颁布，仅有全国人大及其常委会在 2015 年、2016 年分别对《中华人民共和国教育法》《中华人民共和国高等教育法》《中华人民共和国体育法》进行的修订，以及 2016 年《国务院关于印发全民健身计划（2016—2020 年）的通知》、2017 年《国务院关于印发国家教育事业发展"十三五"规划的通知》。全国人民代表大会是最高国家权力机关，其常设机构是全国人民代表大会常务委员会，行使国家立法权；国务院是最高国家权力机关的执行机关，是最高国家行政机关，他们作为高校体育政策第一层次发文主体，单独发文 5 项。这些政策是高校体育政策的元政策，占新时代高校体育政策单独主体发文总数的 12.82%，表明国家对教育、体育及所属高校的高度重视，勾画、描绘了高校体育发展蓝图和愿景，充分发挥了国家权力部门的权威性，在推动高校体育活动科学化、规范化，提高学生健康素质方面有巨大的指导作用。但是，这些政策颁布时国内外环境特殊，专业人员缺乏，可借鉴经验少等问题使得其略显概括性和简洁性，有些条文笼统而不具体，缺乏可操作性。例如，随着时代的发展和社会的进步，《中华人民共和国体育法》在 1995 年颁布后经历了 2009 年、2016 年两次修改，只是删除了其中第四十七条关于体育用品、器材、赛事的审定事项，第三十二条关于赛事纪录的审批确认事项。另外，《中华人民共和国体育法》关于学校体育的第三章第十七条、十八条、十九条、二十条、二十一条、二十二条、十三条中，有6处使用"应当"、3处使用"必须"。频繁使用的"应当"，属于能愿动词，表示客观的可能性、必要性和人的主观意愿，有评议作用，因此其约束力并不强。此外，整个学校体育部分对于违反本法没有惩戒措施，所以，一些学校为了短期、眼前的利益，以身试法，教育主管部门对违反体育法规定的学校又没有惩罚依据，导致其效力大大降低。

表 3-1 单独发布高校体育政策主体构成及发文数量统计表

主体	2012	2013	2014	2015	2016	2017	2018	2019	2020	合计	占比/%
全国人大及其常务委员会				2	1					3	7.69
国务院					1	1				2	5.13
国务院办公厅	1			1	1			1		4	10.26
教育部		1	3	2	2	3	1		1	13	33.33
教育部办公厅	1			6	4	2	1	2		16	41.03
教育部体卫艺司			1							1	2.56
合计	2	1	4	11	9	6	2	3	1	39	100

资料来源：根据法律法规网、教育部网站、国家体育总局网站下载资料整理统计生成。

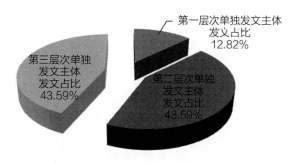

图 3-2　高校体育政策三个层次单独发文主体发文比例

资料来源：根据法律法规网、教育部网站、国家体育总局网站下载资料整理统计生成。

　　综上所述，在"质"和"量"方面，新时代高校体育工作法治化道路还很漫长，应尽快对《中华人民共和国体育法》《中华人民共和国教师法》《中华人民共和国教育法》等法律法规进行修订并制定相应的实施细则，以推动高校体育事业健康发展。同时，教育部、教育部办公厅、教育部体卫艺司是高校体育的主管部门，单独颁布 30 项政策，占单独主体发布政策总量的 76.92%，充分履行了应尽的职责，在弘扬体育精神、普及健康科学知识、传播科学健身方法、培养学生健康素养等方面发挥了主体作用，是普及和推广全民健身、推动高校体育事业发展、培养全面发展的社会主义建设者和合格人才等方面政策的最重要主体。

三、联合发布高校体育政策主体分析

从表 3-2 和表 3-3 可以看出，新时代国家层面高校体育政策由 2 个及 2 个以上部门联合发布的文件数共有 16 项，占政策总数（55 项）的 29.09%。其中，由 2 个主体联合发文 10 项，占联合发文总数的 62.50%；由 4 个主体联合发文 2 项，占联合发文总数的 12.50%；由 5 个及以上主体联合发文 4 项，占联合发文总数的 25.00%。这说明联合发文主体中以 2 个或 5 个及以上主体联合发文为主。在联合发文的政策主体中，参与发文次数最多的是教育部（8 次），所占比例为 11.94%，说明教育部在参与高校体育政策的制定中与其他部门的联系最为紧密；其次是国家体育总局（7 次），所占比例为 10.45%。另外，国家发展改革委（6 次）、财政部（5 次）等部门与其他部门也具有很高的关联度，所占比例分别为 8.96%、7.46%。其中，教育部与国家体育总局、国家发展改革委、财政部共同参与制定的政策分别为 7 项、6 项和 5 项，国家体育总局与国家发展改革委、财政部共同参与制定的政策分别为 5 项、4 项，说明教育部、国家体育总局、国家发展改革委、财政部是联系最为紧密的政策发文主体。

表 3-2 政策主体联合发文统计表

联合发文政策主体数	政策数量 / 项	百分比 /%
2 个	10	62.50
4 个	2	12.50
5 个及以上	4	25.00
合计	16	100.00

资料来源：根据法律法规网、教育部网站、国家体育总局网站下载资料整理统计生成。

表 3-3　联合发文政策主体构成及发文比例

联合发文政策主体	政策数量合计	百分比 /%
中共中央	3	4.48
国务院	3	4.48
中共中央办公厅	2	2.99
国务院办公厅	2	2.99
教育部	8	11.94
国家体育总局	7	10.45
教育部办公厅	2	2.99
财政部办公厅	1	1.49
国家发展改革委	6	8.96
财政部	5	7.46
国家广播电视总局	2	2.99
共青团中央	2	2.99
中央组织部	1	1.49
中央宣传部	1	1.49
人力资源和社会保障部	2	2.99
文化和旅游部	3	4.48
工业和信息化部	1	1.49
民政部	1	1.49
自然资源部	1	1.49
住房和城乡建设部	1	1.49
水利部	1	1.49
农业农村部	1	1.49
中国人民银行	1	1.49
海关总署	1	1.49
国家税务总局	1	1.49
国家市场监督管理总局	1	1.49
国家林业和草原局	1	1.49
国家金融监督管理总局	1	1.49

续表

联合发文政策主体	政策数量合计	百分比 /%
中华全国总工会	1	1.49
全国妇联	1	1.49
中国残联	1	1.49
北京奥组委秘书行政部	1	1.49
中国足协	1	1.49
合计	67	100.00

资料来源：根据法律法规网、教育部网站、国家体育总局网站下载资料整理统计生成。

目前，新时代高校体育政策仍然以独立部门发文为主，根据统计可知，联合发文的政策数量占高校体育政策总量的比例不高，联合发文的部门却显示出增多趋势。例如 2016 年，体育总局等 23 部门关于印发《群众冬季运动推广普及计划（2016—2020 年）》的通知；2015 年，《教育部等 6 部门关于加快发展青少年校园足球的实施意见》是教育部、国家发展改革委、财政部、新闻出版广电总局、国家体育总局、共青团中央 6 个部门联合发布的；2019 年《关于加强和改进新时代师德师风建设的意见》是教育部、中央组织部、中央宣传部、国家发展改革委、财政部、人力资源和社会保障部、文化和旅游部 7 个部门联合发布的。在多部门联合发布的文件增多、部门增多、合作增强的同时，也逐步显露出一些问题。比如，多个部门参与制定高校体育政策时，以哪个部门的意见为准；如果政策在实施过程中遇到问题，应由哪个部门负责解决……这些问题是我国政府在制定高校体育政策时必须面对的问题。为实现高校体育繁荣发展、促进全民健身、实现健康中国等理念，联合发布政策的主体间应强化相互沟通与协调，协同创新政策内容、政策实施、政策评估，明确各政策发布主体在政策制定环节的职责，不推诿、勇承担、强合作，只有这样才能形成有效合力，有利于提升高校体育政策的实施效果。

第二节　新时代高校体育政策发文主体间网络特性

一、政策主体网络结构分析

本节运用社会网络分析法对新时代国家层面高校体育政策联合发文主体的网络特性进行分析。"社会网络分析是当代社会科学研究方法的一个重要分支，已发展成为一种具有专门的概念体系和测量工具的研究范式，它通过一系列节点及节点之间连线组合来分析不同社会单位（个体、群体或元素）所构成社会关系的结构及属性"[1]。社会网络分析可对各行为主体之间的关系进行质性描述和量化，揭示节点（各行为主体）间的关联结构，可以直观地对网络图进行展示[2]。政策主体网络分析是对政策主体间互动的结构性分析，可采用 UCINET、ROSTCM 等软件。政策主体网络分析通过定量和定性的方法绘制网络结构图，以视觉方式直观地呈现出政策主体之间的关系。由于在政策制定过程中仅仅分析单个政策主体的特征是不够的，结构化的网络关系比政策主体的个体特点具有更强的解释力。

为了能够直观、清晰地揭示新时代高校体育政策各个发文主体之间的相互合作情况，本研究运用 UCINET 统计分析软件绘制新时代高校体育政策的联合发文主体网络图谱之前，首先，对梳理得出的 55 项高校体育政策进行政策主体提取，如果两个政策主体存在联合发布政策的情况，就将这两个政策主体确认为联合发文主体，存在两个以上部门联合发文的情况，否则认为政策主体之间不存在联合发文的情况。其次，根据以上条件统计得出相应的政策发文主体共词矩阵表，见表 3-4。最后，为便于观察政策发文主体的网络特性，运用 UCINET 分析软件对共词矩阵进行网络关系可视化分析，绘制出新时代高校体育政策发文主体的网络关系图谱，如图 3-3 所示。

---

[1] 林聚任.社会网络分析：理论、方法与应用［M］.北京：北京师范大学出版社，2009.

[2] 吴进.基于文本分析的我国产业共性技术创新政策研究［D］.广州：华南理工大学，2013.

表 3-4　相应的政策发文主体共词矩阵表

	中共中央	国务院	中共中央办公厅	国务院办公厅	教育部	……	中华全国总工会	全国妇联	中国残联	北京奥组委秘书行政部	中国足协
中共中央		3				……					
国务院	3					……					
中共中央办公厅				3		……					
国务院办公厅			3			……					
教育部						……	1	1	1		1
国家体育总局					7	……	1	1	1		1
教育部办公厅						……				1	
财政部办公厅						……					
国家发展改革委					6	……	1	1	1		1
财政部					5	……	1	1	1		1
国家广播电视总局					2	……					1
共青团中央					3	……	1	1	1		1
中央组织部					1	……					
中央宣传部					1	……					
人力资源和社会保障部					2	……	1	1	1		
文化和旅游部					3	……	1	1	1		
工业和信息化部					1	……	1	1	1		
民政部					1	……	1	1	1		
自然资源部					1	……	1	1	1		
住房和城乡建设部					1	……	1	1	1		
水利部					1	……	1	1	1		
农业农村部					1	……	1	1	1		

续表

	中共中央	国务院	中共中央办公厅	国务院办公厅	教育部	……	中华全国总工会	全国妇联	中国残联	北京奥组委秘书行政部	中国足协
中国人民银行					1	……	1	1	1		
海关总署					1	……	1	1	1		
国家税务总局					1	……	1	1	1		
国家市场监督管理总局					1	……	1	1	1		
国家林业和草原局					1	……	1	1	1		
国家金融监督管理总局					1	……	1	1	1		
中华全国总工会					1	……			1		
全国妇联					1	……	1		1		
中国残联					1	……	1	1			
北京奥组委秘书行政部						……					
中国足协					1	……					

资料来源：根据法律法规网、教育部网站、国家体育总局网站下载资料整理统计生成。

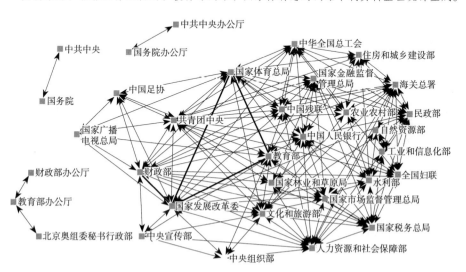

图 3-3　高校体育政策发文主体网络关系图谱

资料来源：根据相关网站下载资料整理统计，经 ROSTCM 统计分析软件绘制生成。

在政策发文主体网络图谱中，节点表示新时代高校体育政策合作发文主体，节点之间的连线表示政策主体相互之间存在着联系，并且两个政策主体之间最少联合发文 1 次。连线箭头指示方向代表信息接收者，反之表示信息发出者。从图 3-3 可以看出，新时代高校体育政策联合发文主体按照职能、层级分为 3 个区域，左上角位置包括中共中央、国务院、中共中央办公厅、国务院办公厅，因其职权处于管理层的顶端，与其所属部门、直属机构存在职级差别，所以这个区域只有中共中央与国务院之间、中共中央办公厅与国务院办公厅之间存在联合发文情况。其制定的政策对其他政策主体具有指导作用，不代表其远离政策网络核心。在网络关系图谱中，右侧大片区域是第二层次的发文主体，其中教育部、国家体育总局、国家发展改革委、财政部、共青团中央明显处于整个网络的中心区域，并且节点间的连线较粗，显示出多链连接关系，也就是说，这 5 个部门是此区域政策网络的核心节点，是高校体育政策联合发文的主要发文部门，在政策网络中具有较高的权威性。另外，整个政策发文主体网络的左下区域是新时代高校体育政策联合发文主体的第三层次，包括教育部办公厅、财政部办公厅和北京奥组委秘书行政部 3 个部门，其发布的文件更倾向于解决高校体育工作的具体问题。通过调查分析，此图与客观实际基本相符，以网络图谱方式系统、全面展示了政策主体间相互协作的关系。质性的假设通过量化图谱分析提供支持，直观展现了相互协作的复杂模式，帮助研究者寻求研究内容中不易发现的细节，捕捉存在于内容中的规律。

二、政策主体网络密度分析

网络密度是指团队成员彼此之间连带互动的平均程度，也可以说是群体成员间彼此的联系程度。数学形式的表达是节点在网络中拥有的实际连接数与可能拥有的最多连接数的比值，也可理解成关系总和的实际存在与最多可能理论存在的比值，[0，1] 是其取值范围，比值越趋近于 1，网络密度越高，表明网络成员之间信息流通效率和速度越高、交流渠道越通畅、联系越紧密，相反越稀疏[1]。这样的网络密度也可以用强弱网络关系来形容，弱网络关系不利于网络整体的共同发展与协作，强网络关系有利于工作取得更好的成果与业绩。

本节运用 UCINET 软件对高校体育政策联合发文主体的网络密度进行测量，将政策联合发文主体网络关系矩阵输入 UCINET 中的 "Network–Cohesion–Density"，输出密度测量结果，如图 3–4 所示，得到新时代高校体育政策联合发文主体的均方差值为 0.8048、网络密度值为 0.5871。0.5871 的网络密度值表明节点间的连接较为紧密，相互之间具有良好的合作关系，总体网络结构较紧凑，也就是说作为网络成员的政策主体相互之间联系较为密切、协作水平较高。0.8048 的均方差值表明网络节点之间连接紧密，有较密切的交流关系、较高的网络离散度，表明小团体现象存在于政策主体成员之间，也就是说小团体成员之间有比较紧密的联系。

```
BLOCK DENSITIES OR AVERAGES
------------------------------------------------------------------------

Input dataset:                    C:\Users\lenovo\Desktop\联合发文主体矩阵

Relation: Sheet1

Density(matrix average)=0.5871
Standard deviation=0.8048

Use MATRIX>TRANSFORM>DICHOTOMIZE procedure to get binary image matrix.
Density table(s) saved as dataset Density
Standard deviations saved as dataset DensitySD
Actor–by–actor pre–image matrix saved as dataset DensityModel

------------------------------------------------------------------------
Running time: 00 : 00 : 01
Output generated: 15  4 月  21  09 : 50 : 26
Copyright (c) 1999–2005  Analytic Technologies
```

图 3–4　高校体育政策主体网络密度测量结果

资料来源：根据相关网站下载资料整理统计，经 UCINET 统计分析软件分析生成。

---

[1] 李星星.学术虚拟社区成员关系社会网络研究——以"科学网"为例［D］.武汉：华中师范大学，2013.

三、政策主体网络中心性分析

作为测量权力和声望的指针，中心性是一种最主要的社会网络分析工具。中心性在社会网络中用中心势与中心度两种重要测量方法描述，网络中的一个点处于怎样的地位是由中心度来描述的，整个网络图的一致性和整合度则用中心势来表达。中心度还可分为点度中心度、中间中心度等，每一种中心度都有中心势相对应[1]。

（一）点度中心度

点度中心度是网络中行动者衡量所处地位的指标，用来测量行动者在网络中自身的交互能力，具体是指网络中与某个节点直接相连的节点的数量[2]。通常情况下，如果在网络中某节点的地位比较重要，则该节点的点入度较高，在整个网络中具有的影响力较大。如果该节点的点出度较高，就说明该节点以活跃的状态存在于网络中，与其他节点有紧密的交流。本节新时代高校体育政策点度中心度分析是指不同政策主体在政策联合发文主体网络中点度中心度的测度。由测量结果可知在整个网络中哪些政策主体处于网络边缘位置，哪些政策主体处于网络中心位置。在 UCINET 网络点度中心度测度模块中输入高校体育政策联合发文主体关系矩阵，得到的结果如图 3-5 所示。

---

[1] 葛彦菲.基于社会网络分析的涉农微博交流特性研究——以新浪"农业行业"微群为例［D］.南京：南京农业大学，2012.

[2] 朱亚丽."六度分离"假说的信息学意义［J］.图书情报工作，2005，49（6）：59-61.

```
FREEMAN'S DEGREE CENTRALITY HEASURES:
------------------------------------------------------------------------------

Diagonal valid ?              NO
Model：                       SYMMETRIC
Input dataset：               C：\Users\lenovo\Desktop\ 第四章政策主体 – 主题部门文件
                                        1              2              3
                                     Degree       Nrn Degree       Share
                              ----------------------------------------------
    5         教育部             46.000        20.536         0.074
    9       国家发展改革委         44.000        19.643         0.071
   10         财政部             41.000        18.304         0.066
    6       国家体育总局          40.000        17.857         0.065
   12        共青团中央           32.000        14.286         0.052
   16       文化和旅游部          30.000        13.393         0.048
   15     人力资源和社会保障部      27.000        12.054         0.044
    2         国务院              3.000         1.339         0.005
    3       中共中央办公厅          3.000         1.339         0.005
    1         中国中央             3.000         1.339         0.005
    7        教育部办公厅           2.000         0.893         0.003
    8        财政部办公厅           1.000         0.446         0.002
   32     北京奥组委秘书行政部       1.000         0.446         0.002

DESCRIPTIVE STATISTICS
                                        1              2              3
                                     Degree       Nrn Degree       Share
                              ----------------------------------------------
    1      Hean              18.788         8.387         0.030
    2      Std Dev           12.581         5.617         0.020
    3      Sun              620.000       276.786         1.000
    4      Variance         158.288        31.546         0.000
    5      SSQ            16872.000      3362.564         0.044
    6      MCSSQ           5223.515      1041.039         0.014
    7      Euc Norn         129.892        57.988         0.210
    8      Hininun            1.000         0.446         0.002
    9      Haxinun           46.000        20.536         0.074

Network Centralization=12.93%
Heterogeneity=4.39%.  Normalized=1.40%
```

图 3-5　高校体育政策主体网络点度中心度测量结果

资料来源：根据相关网站下载资料整理统计，经 UCINET 统计分析软件分析生成。

点度中心度说明的是不同的网络主体表现出不同的点度中心度，即单个网络主体成员的地位在整个网络中有不同的表现。从图 3-5 中能够看出处在网络边缘位置的是什么政策主体，处在网络中心位置的是什么政策主体。教育部的点度中心度测度值最大，达到 46，即教育部在联合制定高校体育政策中表现出最强的合作能力以及网络影响力。其次，国家发展改革委、财政部、国家体育总局、共青团中央、文化和旅游部、人力资源和社会保障部也表现出较高的点度中心度，分别为 44、41、40、32、30、27，说明其在网络中合作能力较强、影响力较高、表现较活跃。另外，整个网络的主体部分是由点度中心度测度值并不高的大部分主体成员构成的。其中，有 7 个政策主体的点度中心度测度值大于 10，占联合发文主体总数（33 个）的 21.21%，然而有 26 个（部分联合发文主体未在图中显示）政策主体点度中心度测度值小于 10，占总数的 79%。这种结果表明，联系紧密的政策主体在整个网络结构中仅占一小部分，大部分政策主体在整个网络中的活跃度极低，相互之间的联系呈现出稀疏状态。利用点度中心势数据进行分析时，指数越靠近 1 的中心势，越表明网络主体合作情况积极活跃。图 3-5 显示，点度中心势测度结果在整个网络中仅有 12.93%，中心度趋势在整个网络中表现较弱，说明大多数政策主体并不积极参与合作。总之，在高校体育政策联合发文主体网络中，小部分政策主体显示出联系紧密、积极合作，而大部分政策主体并不积极参与合作，相互之间联系稀疏，致使整个联合发文政策主体网络空间分布并不均匀。

（二）中间中心度

美国加州大学艾尔温分校社会学系和数理行为科学研究所的研究教授林顿 C. 弗里曼（Linton C. Freeman）于 1979 年在美国社会网络杂志上发表《社会网络中心度的概念说明》一文，正式提出中间中心度的概念。中间中心度显示的中介作用是对于处在网络中的节点而言的，它所测量的针对资源以及信息的控制程度是对政策主体或者行动者来说的。如果某一节点在网络中与许多节点相连接，表明这个节点有较高的中间中心度，位于整个网络的核心位置。位于核心位置的政策主体或者个人通过控制或传递信息来影响群体。如果很多交往的网络路径上存在一个行动者，可以理解为这个行动者的地位非常重要，因为其他人通过这个行动者才能进行交往，这个行动者具有控制其他人交往的能力，中间中心度显示的就是这种控制能力[1]。一个节点控制其他节点交往的程度是由节点的中间中心度测量的。如果一个节点的中间中心度是 1，那么这个节点对其他节点的控制程度就能够达到 100%，处在网络中心位置的就可以认为是这个节点。相反，中间中心度是 0 的某一节点，不能对其他节点进行任何控制，这个节点就可以理解为处在网络的边缘位置。总的来说，中间中心度是测量节点对资源、信息控制程度的大小。在整个网络

[1] 袁园，孙霄凌，朱庆华. 微博用户关注兴趣的社会网络分析［J］. 现代图书情报技术，2012（2）：68-75.

中，节点的中心地位越明显，这个节点就有越大的中间中心度，拥有越大的权力，对资源和其他节点交往的控制程度也就越大。相反，节点的中间中心度越小，表明该节点控制其他节点间资源与交往的程度越小，拥有越小的权力。在 UCINET 网络中间中心度测度模块输入联合发文政策主体关系矩阵，得到的测试结果如图 3-6 所示。

Important note: this routine binarizes but does NOT symmetyize.
Un-normalized centralization: 419.800

		1 Betweenness	2 nBetweenness
9	国家发展改革委	14.933	3.011
10	财政部	14.933	3.011
5	教育部	14.933	3.011
12	共青团中央	6.800	1.371
15	人力资源和社会保障部	6.800	1.371
6	国家体育总局	6.800	1.371
16	文化和旅游部	6.800	1.371
7	教育部办公厅	1.000	0.202
1	中共中央	0.000	0.000
2	国务院	0.000	0.000
33	中国足协	0.000	0.000

DESCRIPTIVE STATISTICS FOR EACHMEASURE

		1 Betweenness	2 nBetweenness
1	Mean	2.212	0.446
2	Std Dev	4.584	0.924
3	Sum	73.000	14.718
4	Variance	21.015	0.854
5	SSQ	854.973	34.753
6	MCSSQ	693.489	28.189
7	Euc Norm	29.240	5.895
8	Minimum	0.000	0.000
9	Maximum	14.933	3.011

Network Centralization Index=2.64%
Output actor-by-centrality measure matrix saved as dataset Freeman

图 3-6　高校体育政策主体网络中间中心度测量结果

资料来源：根据新时代高校体育政策样本整理统计，经 UCINET 统计分析软件生成。

中间中心度区别于点度中心度，中间中心度运用对称性质的数据，研究一个主体居于其他两个主体之间的程度有多大。政策主体在信息传播中拥有越大的权力，它们控制信息传播的程度就越高，就具有越高的中间中心度指数。在联合发文政策主体网络中，教育部、财政部、国家发展改革委的中间中心度测度值均为 14.933，并列排在首位，超出并列第二位的国家体育总局、共青团中央、人力资源和社会保障部、文化和旅游部（中间中心度测度值为 6.800）1 倍还多，表明教育部、财政部、国家发展改革委处在联合发文政策主体网络的核心位置，能够在最大程度上影响整个网络的其他政策主体，同时拥有很大的权力。此外，国家体育总局、共青团中央、人力资源和社会保障部、文化和旅游部并列排在第二位，处在网络的中间位置，地位相对重要，对互助合作的其他网络主体具有纽带作用。也可以说，在合作制定政策过程中，其他网络主体非常依赖它们，其连接作用毋庸置疑。另外，一些处在网络边缘的中间中心度测度值为 0 的联合发文政策主体，近乎没有影响其余政策主体。再者，越接近于 0 的网络标准化中心势表明，整个网络主体成员彼此之间越小限度的影响或控制其他主体成员；越接近于 1 的网络标准化中心势表明，整个网络主体成员彼此之间越大限度的影响其他主体成员的交往，具有越大的控制资源的权力。联合发文政策主体的整个网络图显示其数值仅有 2.64%，是非常低的网络标准化中心势，表明这个网络节点之间很少对应中间点，获取信息不怎么需要经过桥梁节点，大部分主体彼此之间较小限度的影响其他主体。

第三节　新时代高校体育政策
发文主体—主题相关性分析

一、样本选择和主题词提取

由于新时代高校体育政策具有较多的联合发文主体，为保证分析结果的科学性和准确性，在进行政策发文主体与主题词相关性分析时，本研究仅选择较高网络中心度的联合发文政策主体作为研究对象，最后确定为中共中央 3 项、国务院 5 项、中共中央办公厅 3 项、国务院办公厅 7 项、教育部 15 项、国家体育总局 7 项、国家发展改革委 6 项、财政部 5 项、文化和旅游部 3 项、教育部办公厅 4 项，共 10 个部门 58 项政策（联合发布的政策为联合部门共有）。

　　本研究将联合发文的 10 个政策主体参与制定的政策分析样本分别运用 ROSTCM 软件进行"合并文本文件""分词"和"词频统计"处理。在统计分析过程中，只选择每个政策主体所发布政策的前 20 个高频主题词，以减少低频主题词的不利影响，这样得到的主题词有 200 个，见表 3-5。其中带"*"的主题词是其他政策主体所发布的政策文本中没有出现的主题词，是政策主体发布的政策文本中所独有的。从统计表中可以看出，绝大多数主题词重复出现，重复率较高。对 200 个主题词进行统计后可以发现，仅有 22 个主题词是政策主体发布的政策文本所独有，重复率达到 89%。这种现象反映了新时代高校体育政策在内容方面存在重叠、在资源方面存在损耗的问题。

表 3-5　不同政策主体所发布的政策文本中的高频主题词

政策主体	中共中央	词频	国务院	词频	中共中央办公厅	词频	国务院办公厅	词频	教育部	词频
关键词	教师	313	教育	797	教育	169	体育	640	教师	530
	教育	172	教师	474	督导	150	学校	275	冰雪	429
	健康	152	学校	338	体育	125	教育	227	运动	384
	评价	82	学生	192	冰雪	98	足球	217	学校	367
	学校	55	健身	191	学校	93	督导	159	体育	358
	改革	53	健康	190	运动	71	学生	155	教育	336
	学生	48	服务	184	学生	41	运动	142	足球	303
	制度	44	人才	176	机制	39	冰雪	110	学生	248
	服务	44	机制	167	督学*	33	机制	104	校园	247
	教学	43	社会	165	教师	29	活动	94	健康	229
	机制	41	创新	151	改革	28	社会	90	管理	203
	水平	38	改革	150	社会	27	管理	88	水平	200
	社会	38	制度	150	教学	26	健康	85	教学	159
	思想*	38	高校	147	水平	22	改革	67	社会	156
	人才	36	体系	145	管理	20	教师	66	青少年	150
	师范*	35	评价	144	整改*	20	体系	66	活动	142
	体系*	35	教学	144	制度	20	健身	60	高校	138

政策主体	中共中央	词频	国务院	词频	中共中央办公厅	词频	国务院办公厅	词频	教育部	词频
关键词	职业*	33	管理	126	体系	19	教学	58	冬季	130
	素质*	32	体育	125	竞赛	18	竞赛	55	体系	111
	创新	31	专业*	104	活动	17	体质*	52	评价	108
	冰雪	429	冰雪	428	足球	296	冰雪	298	健康	108
	运动	356	运动	351	运动	239	运动	233	教育	88
	足球	301	足球	296	校园	231	冬季	123	活动	47
	校园	237	校园	236	冰雪	189	教师	119	校园	38
	体育	216	教师	146	教师	144	群众	52	学校	36
	学校	178	冬季	130	冬季	125	社会	51	足球	27
	青少年	148	青少年	125	青少年	121	活动	50	教学	21
	冬季	130	体育	101	教育	86	师德	48	督察*	18
	社会	119	社会	93	学校	84	体育	47	冰雪	18
	活动	98	学校	90	体育	74	教育	44	师生*	18
	学生	93	教育	90	学生	72	健身	43	体育	18
	水平	84	活动	86	社会	69	产业*	39	卫生*	16
	体系	82	体系	78	活动	67	人才	34	方案*	14
	教育	82	学生	73	教学	60	文化*	33	青少年	14
	竞赛	69	教学	63	竞赛	50	学校	33	篮球*	13
	教学	69	竞赛	61	师德	48	师风*	29	学生	13
	设施	67	人才	59	机制	46	普及	29	竞赛	13
	场馆*	67	群众	54	群众	43	服务	29	指导*	11
	人才	62	机制*	53	普及	40	设施	27	教师	10
	服务	57	普及	49	特色*	39	培训*	25	改革	9

数据来源：由 ROSTCM 统计分析软件对新时代高校体育政策样本进行统计整理所得。

二、高校体育政策主体与所发布政策的主题词的关联性分析

表 3-6 所示的政策主体与其所发布政策的主题词关系矩阵，由联合发布高校体育政策的主体字段与其所发布政策的主题字段结合完成。

表 3-6 政策主体—主题词关系矩阵

政策主体	中共中央	国务院	中共中央办公厅	国务院办公厅	教育部	国家体育总局	国家发展改革委	财政部	文化和旅游部	教育部办公厅
教育	172	797	169	227	336	82	90	86	44	88
体育	0	125	125	640	358	216	101	74	47	18
教师	313	474	29	66	530	0	146	144	119	10
冰雪	0	0	98	110	429	429	428	189	298	18
学校	55	338	93	275	367	178	90	84	33	36
运动	0	0	71	142	384	356	351	239	233	0
学生	48	192	41	155	248	93	73	72	0	13
校园	0	0	0	0	247	237	236	231	0	38
足球	0	0	0	217	303	301	296	296	0	27
健康	152	190	0	85	229	0	0	0	0	108
管理	0	126	20	88	203	0	0	0	0	0
水平	38	0	22	0	200	84	0	0	0	0
健身	0	191	0	60	0	0	0	0	43	0
督导	0	0	150	159	0	0	0	0	0	0
教学	43	144	26	58	159	69	63	60	0	21
服务	44	184	0	0	0	57	0	0	29	0
人才	36	176	0	0	0	62	59	0	34	0
机制	41	167	39	104	0	0	0	46	0	0
社会	38	165	27	90	156	119	93	69	51	0
创新	31	151	0	0	0	0	0	0	0	0
改革	53	150	28	67	0	0	0	0	0	9
制度	44	150	20	0	0	0	0	0	0	0
青少年	0	0	0	0	150	148	125	121	0	14
高校	0	147	0	0	138	0	0	0	0	0
体系	0	145	19	66	111	82	78	0	0	0
评价	82	144	0	0	108	0	0	0	0	0
活动	0	0	17	94	142	98	86	67	50	47
冬季	0	0	0	0	130	130	130	125	123	0

续表

政策主体	中共中央	国务院	中共中央办公厅	国务院办公厅	教育部	国家体育总局	国家发展改革委	财政部	文化和旅游部	教育部办公厅
专业	0	104	0	0	0	0	0	0	0	0
竞赛	0	0	18	55	0	69	61	50	0	13
师德	0	0	0	0	0	0	0	48	48	0
群众	0	0	0	0	0	0	54	43	52	0
机制	0	0	0	0	0	0	53	0	0	0
素质	32	0	0	0	0	0	0	0	0	0
师范	35	0	0	0	0	0	0	0	0	0
思想	38	0	0	0	0	0	0	0	0	0
普及	0	0	0	0	0	0	49	40	29	0
特色	0	0	0	0	0	0	0	39	0	0
场馆	0	0	0	0	0	67	0	0	0	0
设施	0	0	0	0	0	67	0	0	27	0
师风	0	0	0	0	0	0	0	0	29	0
产业	0	0	0	0	0	0	0	0	39	0
文化	0	0	0	0	0	0	0	0	33	0
职业	33	0	0	0	0	0	0	0	0	0
篮球	0	0	0	0	0	0	0	0	0	13
督查	0	0	0	0	0	0	0	0	0	18
方案	0	0	0	0	0	0	0	0	0	14
卫生	0	0	0	0	0	0	0	0	0	16
师生	0	0	0	0	0	0	0	0	0	18
培训	0	0	0	0	0	0	0	0	25	0
体质	0	0	0	52	0	0	0	0	0	0
指导	0	0	0	0	0	0	0	0	0	11
体系	35	0	0	0	0	0	0	0	0	0
督学	0	0	33	0	0	0	0	0	0	0
整改	0	0	20	0	0	0	0	0	0	0

数据来源：由 ROSTCM 统计分析软件对高校体育政策样本进行统计整理所得。

本研究利用 UCINET 统计分析软件绘制了这两个字段的关联图（图 3-7）。

图 3-7 主要由分别表示政策主体、主题词、连接节点三部分构成。政策主体发布的政策的主题词通过连线连接，即政策主体与相应主题词存在关联。该图的网络关系中，小部分政策主体独自关注的主题处在网络边缘，与政策主体单体连接。连线较多的主题词大部分处在网络中心，表明政策主体发布政策时有 2 个以上主体共同关注该主题。以教育部、国家体育总局、国家发展改革委为例，教育部重点关注"教师""冰雪""运动""学校""体育""教育""足球"等主题，因教育部是高校体育的主管部门，其他主体要参与高校体育政策制定、高校体育管理等与高校体育相关的活动，必须与教育部联合完成，所以教育部没有独自关注的主题；国家体育总局重点关注"冰雪""运动""足球""体育""校园"等主题，其中"场馆"是国家体育总局单独关注的主题，其余的主题是与其他主体共同关注的；"冰雪""运动""校园""足球""教师""体育"等主题内容是国家发展改革委与其他政策主体共同关注的主题，"机制"是国家发展改革委独自关注的主题。通过对政策主体与主题关系进行的关联分析，我们可以很好地掌握和了解政策主体所关注和侧重的主题内容，为以后的高校体育政策制定以及政策主体之间的高效率合作提供参考依据。

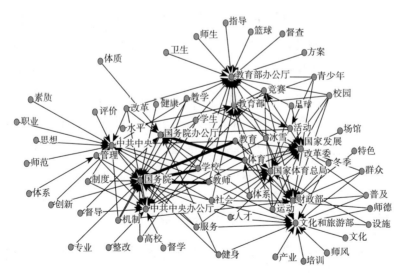

图 3-7　高校体育政策主体—主题词关联图

资料来源：根据 UCINET 统计分析软件对高校体育政策样本的统计结果绘制。

第四节　新时代高校体育政策
发文主体与网络特性存在的问题及其成因分析

一、高校体育政策政出多门，以政策主体独立发文为主

按照公共政策的一般分类方法，高校体育政策是具体政策，我国行政体制将教育与体育划分为两个独立的部门——教育部与国家体育总局。事实上，体育是教育的重要内容，教育在体育中也发挥着重要作用。受到教育对象与教育目标等因素的影响，参与制定高校体育政策的主体较多，共有35个部门，但是，新时代高校体育政策的发布以政策主体独立发文为主，发布的政策数量（39）占政策总量（55）的70.91%。参与单独制定政策的部门较少，主要由全国人民代表大会及其常务委员会、国务院、国务院办公厅、教育部、教育部办公厅、教育部体卫艺司6个部门承担，其中以教育部、教育部办公厅、教育部体卫艺司为主。政策主体联合发文的总数（16）较少，占政策总量的29.09%。政策主体联合发文的部门较多，达到33个部门。联合发文的政策主体中，涉及次数最多的是教育部，其次是国家体育总局。国家发展改革委、财政部、中共中央、国务院、文化和旅游部等主体与其他政策主体呈现出的关联度也较高。尤其是2016年国家体育总局等23部门关于印发《群众冬季运动推广普及计划（2016—2020年）》的通知，政出多门明显，表明国家以2022年冬奥会为契机，大力普及发展冬季运动的信心和决心。

二、高校体育政策主体存在"小团体"网络结构，具有可优化空间

新时代高校体育政策联合发文主体网络密度值为0.5871，均方差值为0.8048。网络密度值达到0.5871，表明政策主体具有较为紧凑的总体网络结构，相互之间合作关系良好，显示出较为紧密的节点之间的连接，也可以理

解为各个政策主体作为网络成员，相互之间具有较为紧密的联系，表现出较高水准的协作程度。均方差值达到 0.8048，表明网络节点之间连接紧密，有较密切的交流关系，网络离散度比较高。经过点度中心度与中间中心度分析得知，"小团体"网络结构存在于政策主体成员之间，也就是说，比较紧密的相互联系只存在于"小团体"成员之间，"小团体"成员之外的政策主体间联系较少。教育部、国家体育总局、国家发展改革委等部门都处在主体网络中的核心位置，具有较高影响力，其桥梁和纽带作用在与其他政策主体进行联系、交流中体现明显，在整个网络中表现非常活跃。然而，中华全国总工会、国家广播电视总局、全国妇联等部门却处在整个网络的边缘地带，表现出极不活跃的运行状态。所以说，可优化的空间存在于高校体育政策主体网络结构之中，政策主体之间相互协作、共同配合程度需进一步提升，联系、沟通、交流的渠道和方式应逐步完善与丰富，以使政策主体制定的高校体育政策科学、合理，有力支持高校体育事业的发展。

三、高校体育政策主题存在重叠现象，造成资源浪费和耗损

通过研究新时代高校体育政策主体—主题相关性发现，高校体育政策主体发布的政策有各自关注的主题和侧重的方向，但是，不同高校体育政策主体发布的政策中存在重复率较高的政策主题词。经过统计发现，新时代高校体育政策主体所发布的 10 个重要政策中，主题内容排名前 200 位的主题词只有 22 个分别专属于某一个政策发布主体，达到 89% 的主题词重复率，表明新时代高校体育政策主体呈现出普遍共同关注相同主题的状况，这就导致了高校体育政策资源的消耗和浪费。政策在高校体育顺利发展过程中是一项重要的力量，各主体使用高效的政策资源能够提升高校体育发展水平，引导政策高效发挥作用。所以，各主体应更好地对新时代高校体育政策资源进行优化，加强相互之间的沟通、交流与协调，在相互合作的基础上协同创新，科学开发、合理整合高校体育政策资源，保持其动态平衡、协调配套，使高校体育政策资源整体功效发挥到极致。

第四章

新时代高校体育政策的政策工具选择

　　继对政策文本的制定主体和相关主题进行研究之后，本章对政策文本选择的政策工具进行研究，结合高校体育的价值链活动，分析新时代高校体育政策选择政策工具及价值活动的特征。

　　简单地说，政策工具就是达成政策目标的手段和方法。国内对于政策工具方面的研究已经进行了近二十年，在深度和广度上已经取得了一定成绩[1]。一些学者在一定程度上完善了我国关于学校体育政策研究的相关理论，对高校体育政策的实施情况和历史演变进行了研究，特别在政策回顾和政策总结方面表现较为突出。但是，高校体育政策研究中依然存在些许问题，李娟、陈宝、郭宝科等在《政策学视域下我国大学体育政策现状与问题的研究》中指出，中国大学体育政策正处在不断演进、完善、发展的阶段，其在演进发展过程中存在许多矛盾，政策的制定、执行、评估等方面还不成熟[2]。因此，很难为高校体育政策的制定提供智力支持和具体指导。高校体育的发展取决于政策，政策的合理实施则借助于政策工具，合适的政策工具能够提高高校体育价值链活动效能。本章利用"价值链—政策工具"二维分析框架，分析

[1]　陈振明，张敏.国内政策工具研究新进展：1998—2016 [J].江苏行政学院学报，2017（6）：109-116.
[2]　李娟，陈宝，郭宝科，等.政策学视域下我国大学体育政策现状与问题的研究 [J].四川体育科学，2016，35（5）：1-4.

新时代高校体育政策的政策工具选择是否合理以及在政策工具选择中存在的问题，并针对问题提出相应的建议，为新时代高校体育政策发展提供新的思路和方向，为完善和发展高校体育政策法规提供理论参考，使高校体育教育走出现阶段的盲区，真正发挥高校体育的育人功能。

第一节　新时代高校体育政策的政策工具选择研究对象与方法

一、政策工具选择研究对象

本章选取新时代中国特色社会主义阶段国家层面关于高校体育政策的文本，即由全国人民代表大会、中共中央、国务院、国家体育总局、教育部等主体单独或联合颁布的各种高校体育政策文件，并且政策文本是以公开出版或刊登的方式对社会公布的，不公开或无法查阅的高校体育文件不在选择范围之内，因此，样本具有权威性、代表性，有较强的公信力和较高关注度。经过筛选和梳理，新时代高校体育政策文本共有55份，在认真研读的基础上，为提高研究针对性，最终选取30份具有代表性的政策文本作为研究对象，如表4-1所示。

表4-1　30份国家层面具有代表性的高校体育政策文本

序号	信息名称	发文机构	生成日期	发文字号
1	国务院办公厅转发教育部等部门关于进一步加强学校体育工作若干意见的通知	国务院办公厅	2012/10/22	国办发〔2012〕53号
2	教育部关于印发《高等学校体育工作基本标准》的通知	教育部	2014/6/12	教体艺〔2014〕4号
3	国务院办公厅关于印发中国足球改革发展总体方案的通知	国务院办公厅	2015/3/8	国办发〔2015〕11号

续表

序号	信息名称	发文机构	生成日期	发文字号
4	教育部关于印发《学校体育运动风险防控暂行办法》的通知	教育部	2015/5/15	教体艺〔2015〕3号
5	教育部等六部门关于加快发展青少年校园足球的实施意见	教育部、国家发展改革委、财政部、新闻出版广电总局、国家体育总局、共青团中央	2015/7/27	教体艺〔2015〕6号
6	国务院办公厅关于强化学校体育促进学生身心健康全面发展的意见	国务院办公厅	2016/4/21	国办发〔2016〕27号
7	教育部办公厅关于组织开展加快发展青少年校园足球重点督察工作的通知	教育部办公厅	2016/4/28	教体艺厅函〔2016〕7号
8	国务院关于印发全民健身计划（2016—2020年）的通知	国务院	2016/6/15	国发〔2016〕37号
9	教育部办公厅关于校园篮球推进试点工作的通知	教育部办公厅	2016/8/22	教体艺厅函〔2016〕31号
10	教育部关于深化高校教师考核评价制度改革的指导意见	教育部	2016/8/29	教师〔2016〕7号
11	体育总局 国家发展改革委 教育部 国家旅游局关于印发《冰雪运动发展规划（2016—2025年）》的通知	国家体育总局、国家发展改革委、教育部、国家旅游局	2016/11/25	体经字〔2016〕645号
12	体育总局等23部门关于印发《群众冬季运动推广普及计划（2016—2020年）》的通知	国家体育总局、国家发展改革委、教育部、工业和信息化部、民政部、财政部、人力资源和社会保障部、国土资源部、住房和城乡建设部、水利部、农业部、文化部、中国人民银行、海关总署、税务总局、工商总局、林业局、国家旅游局、保监会、中华全国总工会、共青团中央、全国妇联、中国残联	2016/11/2	体群字〔2016〕146号

序号	信息名称	发文机构	生成日期	发文字号
13	国务院关于印发《国家教育事业发展"十三五"规划》的通知	国务院	2017/1/10	国发〔2017〕4 号
14	教育部、体育总局关于推进学校体育场馆向社会开放的实施意见	教育部、国家体育总局	2017/2/3	教体艺〔2017〕1 号
15	教育部关于全面推进教师管理信息化的意见	教育部	2017/4/5	教师〔2017〕2 号
16	教育部关于印发《普通高等学校健康教育指导纲要》的通知	教育部	2017/6/19	教体艺〔2017〕5 号
17	教育部关于进一步加强普通高校高水平运动队建设的实施意见	教育部	2017/7/6	教体艺〔2017〕6 号
18	中共中央、国务院关于全面深化新时代教师队伍建设改革的意见	中共中央、国务院	2018/1/20	N/A
19	教育部关于印发《新时代高校教师职业行为十项准则》的通知	教育部	2018/11/14	教师〔2018〕16 号
20	教育部办公厅关于开展 2019 年"师生健康中国健康"主题健康教育活动的通知	教育部办公厅	2019/3/1	教体艺厅函〔2019〕16 号
21	中共中央办公厅国务院办公厅印发《关于以 2022 年北京冬奥会为契机大力发展冰雪运动的意见》	中共中央办公厅、国务院办公厅	2019/3/31	N/A
22	教育部等四部门关于加快推进全国青少年冰雪运动进校园的指导意见	教育部、国家发展改革委、财政部、国家体育总局	2019/5/20	教体艺〔2019〕3 号
23	国务院办公厅关于印发体育强国建设纲要的通知	国务院办公厅	2019/9/2	国办发〔2019〕40 号
24	教育部等七部门印发《关于加强和改进新时代师德师风建设的意见》的通知	教育部、中央组织部、中央宣传部、国家发展改革委、财政部、人力资源和社会保障部、文化和旅游部	2019/11/15	教师〔2019〕10 号

续表

序号	信息名称	发文机构	生成日期	发文字号
25	中共中央办公厅 国务院办公厅印发《关于深化新时代教育督导体制机制改革的意见》	中共中央办公厅、国务院办公厅	2020/2/19	N/A
26	教育部等七部门关于印发《全国青少年校园足球八大体系建设行动计划》的通知	教育部、国家发展改革委、财政部、国家广播电视总局、国家体育总局、共青团中央、中国足协	2020/9/11	教体艺〔2020〕5号
27	体育总局教育部关于印发深化体教融合促进青少年健康发展意见的通知	国家体育总局、教育部	2020/8/31	体发〔2020〕1号
28	中共中央国务院印发《深化新时代教育评价改革总体方案》	中共中央、国务院	2020/10/13	N/A
29	中共中央办公厅 国务院办公厅印发《关于全面加强和改进新时代学校体育工作的意见》	中共中央办公厅、国务院办公厅	2020/10/15	N/A
30	教育部办公厅 北京冬奥组委秘书行政部关于举办"筑梦冰雪·相约冬奥"全国学校冰雪运动竞赛暨冰雪嘉年华的通知	教育部办公厅、北京冬奥组委秘书行政部	2020/11/27	教体艺厅函〔2020〕41号

资料来源：根据新时代高校体育政策文本（2012—2020年）整理统计生成。

二、方法选择与可靠性检验

（一）内容分析法

本研究首先选择新时代国家层面的高校体育政策文本作为内容分析样本，再根据政策工具理论建立"价值链—政策工具"二维分析框架，然后将各个政策文本中的政策工具内容进行编码来定义分析单元，随之把切合框架的政策工具编号归入框架进行统计，最后对统计结果进行分析，得出结论[1]。

---

[1] 郝大伟，崔建军，刘春华，等.基于政策工具视角下的中国体育产业政策分析［J］.武汉体育学院学报，2014，48（9）：55-60.

（二）可靠性检验

内容分析法作为定性式的定量分析方法，有必要在编码过程中进行信度、效度检验来保证研究的规范性和准确性。信度检验：首先，由作者按照分析维度进行编码；其次，聘请两名有内容分析法使用经验的学者分别进行审阅；再次，对有歧义的编码内容进行深入探讨、辩论；最后，形成一致的编码内容。效度检验：因为政策文本来源于国家权力机关，具有法定性、权威性，所以不涉及效度检验问题。

第二节　新时代高校体育政策"价值链—政策工具"二维分析框架构建

政策工具分析方法可以对某一类众多的政策文本进行分析。高校体育政策是教育政策、体育政策综合在一起的复杂政策。本研究根据政策工具分析理论将政策文本内部各种政策手段和方法组织、搭配和设计成供给型、需求型和环境型三种类型，构建"政策工具维度"二维分析框架 X 轴，根据高校体育基本活动及支持活动设计"价值链维度"二维分析框架 Y 轴。

一、"政策工具维度"X 轴构建

基于罗伊·罗斯韦尔（Roy Rothwell）和沃尔特·泽格维尔德（Walter Zegveld）提出的政策工具分析理论，本研究将新时代高校体育政策工具分为供给型、需求型和环境型三种类型。供给型政策工具是指政府或组织通过资金投入、教育培训、基础设施建设、信息支持、公共服务等手段，改善高校体育相关要素的供应情况，推动高校体育全面发展；需求型政策工具是指政府或组织利用服务外包、公共技术采购、海外交流等几个方面，缩小高校体育市场的不确定性，稳定、开发高校体育新产品、新技术的应用市场，继而拉动高校体育产品、技术创新[1]；环境型政策工具是指政府或组织利用法规管制、目标规划、金融支持等手段或方法，改善高校体育发展的环境因素，为新时代高校体育发展提供有利的政策环境，影响并促进高校体育发展。

供给型政策工具对高校体育运行具有推动作用，环境型政策工具对高校体育具有直接或间接的影响作用，而需求型政策工具对高校体育活动具有拉动作用，如图 4-1 所示。

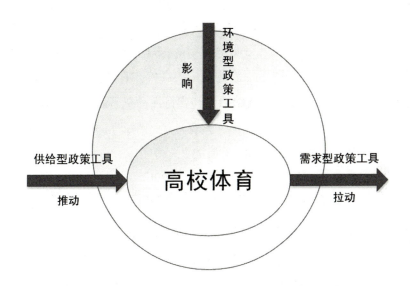

图 4-1 政策工具对高校体育的作用方法示意图

二、"价值链维度"Y 轴构建

"价值链维度"二维分析框架 Y 轴，是依据 1985 年美国哈佛商学院著名战略学家迈克尔·E. 波特（Michael E. Porte）提出的价值链理论设计而成的。价值链理论能够分析企业、组织在竞争中的优势来源。波特认为，企业活动包括设计、生产、营销、交货以及各项辅助活动，这是企业物质上和技术上界限分明的价值活动，所有这些都可以在价值链中表示出来[2]。由此可见，价

[1] 苏竣.公共科技政策导论［M］.北京：科学出版社，2014.
[2] 罗红雨.价值链成本控制研究［M］.北京：中国经济出版社，2013.

值链是特定行业内的企业、组织各种价值活动的有机组合，分为"基础活动"和"支持活动"。基础活动包括生产作业、市场营销、产品服务和内外后勤，支持活动包括原料采购、技术研发、人力资源管理和基础设施建设[1]。波特认为每项生产经营活动都是价值创造的过程，价值链是各种价值活动的有机组合，特别强调活动的分工和协助关系，这是人类活动发展过程中逐步形成的最朴素的价值链思想[2]。一些学者运用价值链理论进行了相关的研究。黄炳超、黄明东应用价值链理论探析了应用型高校内涵式发展的内在机理。何声升以创新价值链理论为视角，完成了高校科技创新绩效因素分位研究[3]。高校体育部门是高校的基本组织单位，有明确的功能、目标和定位，具有组织运行与管理的基本特点。所以，利用价值链理论将高校体育部门负责的高校体育活动紧密相连的各个环节划分为基础活动和支持活动，基础活动包括体育课程、课余体育，支持活动包括体育教师、体育环境、制度与机制，这些基础活动和支持活动构成了高校体育活动的价值链。

三、"价值链—政策工具"二维分析框架的构成

高校体育政策工具是达成高校体育政策目标的手段或方法，高校体育活动的依据是高校体育政策，并通过政策中的政策工具实现政策目标。高校体育政策的政策工具与高校体育价值链活动具有相关性，为更好地研究高校体育政策的政策工具选择，结合高校体育活动价值链进行研究更具有针对性。因此，本研究将"政策工具维度"X 轴与"价值链维度"Y 轴进行组合，构成新时代高校体育政策分析的"价值链—政策工具"二维分析框架，如图 4-2 所示。

[1] 黄炳超，黄明东.价值链理论视角下应用型高校内涵式发展的内在机理探析［J］.现代教育管理，2020（2）：71-77.

[2] 王伟光，张钟元，侯军利.创新价值链及其结构：一个理论框架［J］.科技进步与对策，2019，36（1）：36-43.

[3] 何声升.高校科技创新绩效影响因素分位研究——创新价值链理论视角［J］.高校教育管理，2020，14（5）：104-114.

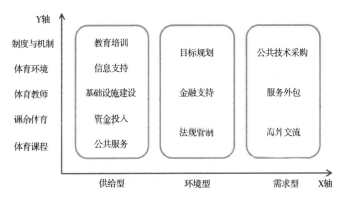

图 4-2　高校体育"价值链—政策工具"二维分析框架

第三节　新时代高校体育政策
文本单元编码与数据分析

一、确定分析单元

本研究的分析单元是指高校体育政策文本中与"价值链—政策工具"二维分析框架两个维度相对应的有关语句或条款。首先，对选取的 30 份政策文本内容按照"政策序号、章节、具体条款、语句"的格式进行编码，在编码过程中，如涉及文件引言和结语部分则标记为"0"。其次，依据"价值链—政策工具"二维分析框架，将文本分析单元进行归类。最后，形成内容分析单元编码表，如表 4-2 所示。

表 4-2　高校体育政策文本内容分析编码表（节选）

序号	政策名称	分析单元	编码	政策工具—价值类型
1	国务院办公厅转发教育部等部分关于进一步加强学校体育工作若干意见的通知	加强学校体育，增强学生体质，对于提高学生综合素质、实现教育现代化、建设人力资源强国、培养德智体美全面发展的社会主义建设者和接班人，具有重要战略意义	2001-1-1	目标规划—制度与机制

序号	政策名称	分析单元	编码	政策工具—价值类型
		确保学生体育课程和课余活动时间，切实提高学校体育质量，完善学校、家庭与社会密切结合的学校体育网络，促进体育与德育、智育、美育有机融合，不断提高学生体质健康水平和综合素质	2001-2-1	目标规划—制度与机制
		建立健全学生体育竞赛体制，引导学校合理开展课余体育训练和竞赛活动	1-3-1-4	法规管制—课余体育
		教育部将组织制定高等学校体育工作基本标准和高等职业学校体育课程教学指导纲要，并适时组织开展高等学校体育工作评估	1-4-2-4	目标规划—制度与机制
		对学生体质健康水平持续三年下降的地区和学校，在教育工作评估和评优评先中实行"一票否决"	1-5-5-3	法规管制—制度与机制
2	教育部关于印发《高等学校体育工作基本标准》的通知	统筹规划学校体育发展，把增强学生体质和促进学生健康作为学校教育的基本目标之一和重要工作内容，纳入学校总体发展规划，全面发挥体育在学校人才培养、科学研究、社会服务和文化传承中不可替代的作用	2002-1-2	目标规划—制度与机制
		加强学校体育工作管理，在学校体育改革发展、教育教学、教研科研、竞赛活动、社会服务等各项工作领域制定规范文件、健全管理制度、加强过程监测。建立科学规范的学校体育工作评价机制，并将其纳入综合办学水平和教育教学质量评价体系	2002-1-4	法规管制—制度与机制
		严格执行《全国普通高等学校体育课程教学指导纲要》，必须为一、二年级本科学生开设不少于144学时（专科生不少于108学时）的体育必修课，每周安排体育课不少于2学时，每学时不少于45分钟。为其他年级学生和研究生开设体育选修课，选修课成绩计入学生学分。每节体育课学生人数原则上不超过30人	2002-2-1	法规管制—体育课程

续表

序号	政策名称	分析单元	编码	政策工具—价值类型
		深入推进课程改革，合理安排教学内容，开设不少于15门的体育项目。每节体育课须保证一定的运动强度，其中提高学生心肺功能的锻炼内容不得少于30%，要将反映学生心肺功能的素质锻炼项目作为考试内容，考试分数的权重不得少于30%	2002-2-2	法规管制—体育课程
		将课外体育活动纳入学校教学计划，健全制度、完善机制、加强保障。面向全体学生设置多样化、可选择、有实效的锻炼项目，组织学生每周至少参加三次课外体育锻炼，切实保证学生每天一小时体育活动时间	2002-3-1	法规管制—课余体育
		学校每年组织春、秋季综合性学生运动会（或体育文化节），设置学生喜闻乐见、易于参与的竞技性、健身性和民族性体育项目，参与运动会的学生达到50%及以上	2002-3-2	法规管制—课余体育
……	……	……	……	……
		加强高校体育场馆建设，鼓励有条件的高校与地方共建共享。配好体育教学所需器材设备，建立体育器材补充机制。建有高水平运动队的高校，场地设备配备条件应满足实际需要，不满足的原则上不得招生	29-3-2-6	基础设施建设—体育环境
		积极推进高校在招生测试中增设体育项目。启动在高校招生中使用体育素养评价结果的研究。加强学生综合素质评价档案使用，高校根据人才培养目标和专业学习需要，将学生综合素质评价结果作为招生录取的重要参考	29-4-1-6	目标规划—制度与机制
		把师德师风作为评价体育教师素质的第一标准	29-4-2-2	法规管制—体育教师
		将体育教师课余指导学生勤练和常赛，以及承担学校安排的课后训练、课外活动、课后服务、指导参赛和走教任务计入工作量，并根据学生体质健康状况和竞赛成绩，在绩效工资内部分配时给予倾斜	29-4-2-5	法规管制—体育教师

序号	政策名称	分析单元	编码	政策工具—价值类型
		完善体育教师职称评聘标准，确保体育教师在职务职称晋升、教学科研成果评定等方面，与其他学科教师享受同等待遇	29-4-2-6	法规管制—体育教师
		优化体育教师岗位结构，畅通体育教师职业发展通道。提升体育教师科研能力，在全国教育科学规划课题、教育部人文社会科学研究项目中设立体育专项课题	29-4-2-7	目标规划—体育教师
		把体育工作及其效果作为高校办学评价的重要指标，纳入高校本科教学工作评估指标体系和"双一流"建设成效评价。对政策落实不到位、学生体质健康达标率和素质测评合格率持续下降的地方政府、教育行政部门和学校负责人，依规依法予以问责	29-4-3-4	法规管制—制度与机制
		加强宣传，凝聚共识，营造全社会共同促进学校体育发展的良好社会氛围	29-5-3-4	信息支持—体育环境
30	教育部办公厅 北京冬奥组委会秘书行政部关于举办"筑梦冰雪·相约冬奥"全国学校冰雪运动竞赛暨冰雪嘉年华的通知	在全国大中小学生及教师中征集冰雪产品类、冰雪概念类、冰雪环境空间类、冰雪旅游文创产品设计类、绘画类、手工小制作类等创意设计作品，评选优秀作品	1930-3-3	目标规划—课余体育
		进一步推广普及校园冰雪运动，培养学生冰雪运动兴趣，提高学生冰雪运动技能水平，储备冰雪人力资源和冰雪消费基础人群，带动冰雪等相关体育产业发展。教育部、北京冬奥组委决定在吉林省长春市举办以"筑梦冰雪·相约冬奥"为主题的第二届全国学校冰雪运动系列竞赛和冰雪嘉年华活动	30-0-1	目标规划—课余体育

资料来源：分析单元内容摘自新时代高校体育政策文本（2012—2020年）。

依据高校体育政策文本内容分析编码，按照"价值链—政策工具"分类统计、准确归类、计算占比之后得出表4-3。

表 4-3 高校体育政策文本中选择政策工具频数分布表（节选）

政策工具		体育课程	课余体育	体育教师	体育环境	体育制度与机制	合计	占比1 %	占比2 %
供给型	教育培训			1-3-2 2-5-2-2 · 26-2-2-6			13	20.63	
	信息支持	6-2-3-6	17-3-3-3	10-7-3-3 …… 17-3-4-2 24-4-4-6	5-2-1-3 5-2-2-1 …… 26-2-8-5 29-5-3-4		21	33.33	
	基础设施建设				1-3-3 2-5-4 …… 29-3-2-3 29-3-2-6		9	14.29	24.7
	资金投入			10-6-3-3 24-6-1-5	6-4-3-2 …… 14-4-4 17-2-8-2	1-5-2 2-5-1-1 …… 17-2-8-5 22-2-7	16	25.4	
	公共服务		22-3-2	2-3-5		23-1-2-2 23-2-1	4	6.35	
环境型	目标规划	5-1-3-3,6-2-1-2 …… 29-2-2-7,29-2-3-2	3-4-1 3-5-4…… 30-3-3 30-0-1	2-5-2-1 6-4-1-7 …… 27-6-3 29-4-2-7	8-2-4-3 8-2-7-5	1-1-1 1-2-1 1-4-2-4 …… 29-1-3 29-4-1-6	98	56.32	
	金融支持						0	0	68.24
	法规管制	1-3-1 2-2-1 2-2-2 …… 27-1-1 29-2-1-4	1-3-1-4 17-2-3-3 …… 27-1-2-1 27-3-4	2-5-3 4-3-1 …… 29-4-2-5 29-4-2-6		1-5-5-3 2-1-4 2-4-2 …… 28-2-2-5 29-4-3-4	76	43.68	
需求型	公共技术采购						0	0	
	服务外包	11-3-1-4	22-2-10 27-1-2-2			3-5-2-2 5-3-5-2 6-4-5-2 25-3-3-4 26-3-1-2	8	44.44	7.06

续表

政策工具	体育课程	课余体育	体育教师	体育环境	体育制度与机制	合计	占比1%	占比2%
海外交流		5-2-4-2 26-2-4-6	3-7-2 5-3-1-4 13-6-2-2		5-3-3-5 6-4-5-6 17-2-6-5	10	55.56	
合计	N/A	22	44	69	29	91	255	N/A	100

数据来源：根据新时代高校体育政策样本内容分析数据统计而成。

二、"政策工具"X轴数据分析

本研究依据"价值链—政策工具"二维分析框架进行统计分析。30份高校体育政策文本在"政策工具"X轴上对3种类型政策工具的选择与运用均有体现，内容涉及"价值链"Y轴上的体育课程、课余体育、体育教师、体育环境、制度与机制几个方面。但是，从供给型、环境型、需求型政策工具的使用比例来看，差异与分化现象表现明显，新时代高校体育政策以环境型政策工具为主，文本编码频次达到174条，比例达到68.24%；其次是供给型政策工具，文本编码频次达到63条，比例达到24.70%；最后是需求型政策工具，文本编码频次为18条，所占比例为7.06%。如图4-3所示。

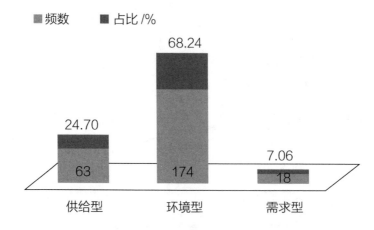

图4-3 3种类型政策工具分布

数据来源：根据新时代高校体育政策样本内容分析数据统计绘制

3 种类型政策工具选择与运用的具体手段和方式如图 4-4 所示。

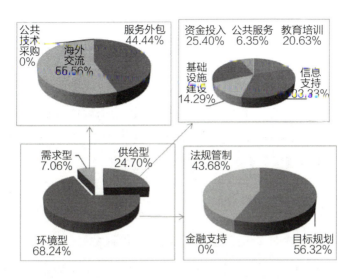

图 4-4 高校体育政策中基本政策工具选择示意图

数据来源：根据新时代高校体育政策样本内容分析数据统计绘制。

（一）环境型政策工具运用分析

环境型政策工具中，目标规划 98 条，占比 56.32%；法规管制 76 条，占比 43.68%；金融支持运用空缺。高校体育政策工具中的目标规划是政府通过规范程序，为达成高校体育目标及远景，确立高校体育发展宏观战略、制定发展规划的总体蓝图。教育强国、体育强国、健康中国等都涉及高校体育活动。高校体育价值链的每个环节均有具体规划与设计，包括校园足球、校园篮球、冰雪运动进校园、体教融合、体育环境、体育教师、制度与机制等。因此，目标规划不但在环境型政策工具中运用最多、占比最高，而且其运用比例在所有政策工具中都是首屈一指的。法规管制是行政权力直接干预高校体育政策的具体体现，频繁使用法规管制，表明政府在选择和运用政策工具上对其具有偏爱性，虽然其简单、有效，但是，随着高校体育事业的发展，过度使用法规管制也会产生负效应。法规管制的特点是简单、直接，它易使政府或组织在制定政策时对法规管制工具形成一种依赖，这点也是法规管制工具频现的原因。另外，前期政策没有被有效执行，而后期随着社会发展不断出现的新问题，或者前期政策执行没有实现预期目标，在制定新政策时必须再次提及和贯彻，以弥补前期不足，也造成法规管制工具在一定程度上被过多使用的现象[1]。金融支持是高校体育事业发展的重要保障和有力推手，该类工具的缺失使其作用没有得到足够重视，因为高校体育产业化没有形成，高校体育活动经费仍以政府投入为主，尚未涉及金融支持，这不利于构建高校体育发展的宏观氛围，会阻碍高校体育良性发展。

（二）供给型政策工具运用分析

供给型政策工具中，信息支持 21 条，占比 33.33%；资金投入 16 条，占比 25.40%；教育培训 13 条，占比 20.63%；基础设施建设 9 条，占比 14.29%；公共服务 4 条，占比 6.35%。公共服务在供给型政策工具中使用最少，主要原因是政府、社会对高校半公益性事业性质认识不足，对公共服务在高校体育方面的功能掌握较少。基础设施建设略显优势，是因为社会经济发展需要不断增加教育投入，提高了政府对高校体育场馆设施建设的重视程度，使其在数量和质量等方面都有了很大提高。但由于高校扩招政策的实施，大学生数量持续增加，而高校体育场馆设施相对不足仍是当前面临的主要问题。为此，政府采取了高校与社会场馆设施综合利用等措施，暂缓了大学生锻炼对场馆的需求与场馆设施不足的矛盾，但若要彻底解决此类问题，政府必须增加基础设施建设工具的投入，同时配合资金投入等手段。教育培训显得尤为必要，是因为长期以来我国受"重文轻体"思想的影响，体育师资力量不足、教学质量有待提高。资金投入是高校体育发展的经济基础，政府要在政策上对其有所体现，就得加大资金投入力度，保证高校体育资金对体育的支持。信息支持在供给型政策工具中占比最高，体现了新时代经济、社会发展的特点。大数据、互联网等信息源源不断地为高校体育发展提供各种资源，它是

---

[1] 孔德意.我国科普政策研究——基于政策文本分析［D］.沈阳：东北大学，2015.

高校体育发展的媒介，掌握信息就掌握了发展的主动权，就有发言权，就能够推广普及科学健身知识、渲染高校体育活动氛围、提升大众对体育教育的认同度，构筑高校体育事业发展的新兴理论平台。

（二）需求型政策工具运用分析

需求型政策工具在 3 种类型政策工具中所占比例最小，仅为 7.06%。其中，服务外包 8 条，占比 44.44%；海外交流 10 条，占比 55.56%；公共技术采购运用空缺。公共技术采购是政府采购的创新导向，政府通过采购大宗新型科技产品、稳定创新成果进入市场初期的确定性，激发创新主体的决心和信心。本研究在对高校体育政策使用政策工具的统计中发现，公共技术采购方面运用空缺，这恰恰表明了在高校体育活动中如果缺乏新型科技产品的研发，就没有此类产品供应，就无法进行采购。目前，新型科技产品的研发、销售集中在科技类公司、体育科研院所、专业体育院校。随着全民健身、健康中国等计划的实施，仅在智能穿戴的体育类用品方面就有很大的发展空间，能够产生可观的经济、社会效益。普通高校拥有众多的科研人才、场所、受众，具备极佳的环境和条件开展新型体育类科技产品的研发，所以能够促进高校体育科研、高校体育产业的发展。因此，应在以后的政策制定中加强使用公共技术采购工具，引导高校体育活动发挥隐藏的潜能，助推高校体育功能、目标的达成。经济发展与教育国际化趋势对人才数量和质量的要求不断提高，为海外交流提供了条件。国家鼓励高校体育人才在学术研究、教育教学、训练手段方法等方面进行海外交流，取长补短，尽快发挥高校体育的育人功能，为国家培养符合新时代要求的合格人才。另外，应认识到高校也是体育人才、知识的集聚场所，能够为社会提供多种需求服务，所以，为避免这种资源的浪费，需加强服务外包工具运用，鼓励高校体育为社会提供其具备的多种服务，以提升高校体育的经济、社会效益。需求型政策工具的匮乏与缺失造成政策执行方法和手段的不足，极大削弱了政策的整体拉动作用，不利于高校体育事业健康、持续发展。

需求型政策工具是发展高校体育事业最直接、有效和可行的手段，具有明确的导向性。所以，以后在制定政策的过程中，有关部门应加强需求型政策工具的选择与运用。它比供给型政策工具对高校体育的作用效果更为直接、快捷，借助具体的手段和形式确保高校体育事业发展的可持续性，缓解高校体育事业发展过程中的不稳定性，更有利于拉动高校体育事业发展。

三、"价值链" Y 轴数据分析

30 份高校体育政策文本在"价值链" Y 轴上对 5 种类型价值要素的选择与运用均有体现。从图 4-5、表 4-4 可以看出，在高校体育政策的价值链维度中，体育课程占比 8.63%，课余体育占比 17.25%，体育教师占比 27.06%，体育环境占比 11.37%，制度与机制占比 35.69%。整体来看，高校体育政策价值要素覆盖面较广，但是，其在高校体育各个要素中的比重相差较大。其中，作为价值链基础活动的课余体育、体育课程合计占比 25.88%，稍高于整体的1/4；作为支持活动的体育教师、体育环境、制度与机制的比重较高，3 种要素的比重之和接近总体的 3/4。其中，体育教师是除了制度与机制外占比最高的价值要素，突出体现了"百年大计，教育为本，教育大计，教师为本"，体现了新时代教师立德树人的根本任务，政策中提出了对教师师德师风建设的基本要求，以及对教师评价的基本导向。另外，需要说明的是，在高校体育价值链维度分类过程中，制度与机制是内容比较丰富和分散的指标，尤其在编码过程中，发现一句话包含体育价值维度的两项以上指标内容时，都将其归类为制度与机制指标，这也是体育制度与机制指标权重过高的原因之一。体育课程是目标明确、指向单一的要素，在价值链要素之中占比最小。实践中，占比第二的体育教师绝大部分从事着与体育课程相关的教育教学工作，相对而言，体育课程要素尤显不足。体育课程是高校体育活动的重要内容，对学生体育素养的养成、运动技能的掌握等都具有举足轻重的作用，所以高校体育政策还应重视和加强体育课程要素。课余体育不仅是高校体育活动的重要内容，还是大学生课余活动的重要组成部分。从政策制定的每天锻炼一小时的目标来说，理论上，课余体育的时间比体育课程的 3 倍还多，利用好课余体育时间，高校体育和体育教师的工作重心向课余体育转移，发挥体育教师在课余体育中的作用，同时与体育课程做好配合，使高校体育的基础活动充分发挥性能，对提高大学生体质健康水平、心理控制能力和社会适应能力具有积极作用。

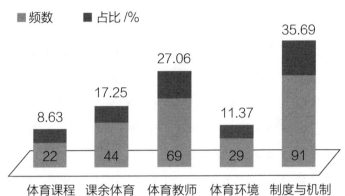

图 4-5　高校体育政策中价值链要素构成示意图

表 4-4　"价值链—政策工具"二维分析框架下高校体育政策工具选择频数分布

维度	教育培训	信息支持	基础设施建设	资金投入	公共服务	目标规划	金融支持	法规管制	服务外包	公共技术采购	海外交流	合计	占比%
体育课程		1				9		11	1			22	8.63
课余体育		1		1		29	9	2			2	44	17.25
体育教师	13	7		2	1	13		29			4	69	27.06
体育环境		12	9	5		2					1	29	11.37
制度与机制				9	2	45	27	5			3	91	35.69

数据来源：根据新时代高校体育政策样本内容分析数据统计绘制。

第四节　新时代高校体育政策的政策工具选择存在的问题及其成因分析

从"政策工具"X 轴来看，高校体育政策兼顾了供给型、环境型和需求型政策工具的运用，从多层次、多角度使高校体育事业得到发展。但是，这3 种类型的政策工具在使用权重上表现出明显的差别，供给型政策工具为24.70%，环境型政策工具为 68.24%，需求型政策工具仅为 7.06%。这说明在高校体育政策工具选择方面，政府倾向于以环境型政策工具为主，以供给型政策工具、需求型政策工具为辅的模式，体现了政府在政策工具选择运用上的倾向性。从"价值链"Y 轴来看，高校体育政策中基础活动和支持活动均有涉及，但具体要素所占权重差别较大，权重配置偏差影响了政策效能发挥，导致有些高校体育问题不能得到有效解决。

一、环境型政策工具分化严重

经过统计可以看出，环境型政策工具严重分化，以目标规划（56.32%）、法规管制（43.68%）为代表的环境型政策工具使用过多，而金融支持没有运用，这表明金融支持作为激励工具严重缺失。进入新时代，在为实现中华民族伟大复兴的中国梦的引领下，教育强国、体育强国、健康中国等战略的实施，使每项政策的制定都预先规划政策目标和宏观愿景，没有目标和愿景的政策制定就失去意义，因此，目标规划工具在新时代运用最为频繁。法规管制措施使用较多，因为它简捷有效，是直接干预的行政权力，既省时、省力又节约经费，也受到长期使用、惯性发展的影响，这体现出政府通过标准、政策和制度的力量规范引导高校体育发展的强势。但是在继续深化改革开放、发展社会主义市场经济的背景下，政府过度使用法规管制也会产生负面作用。金融支持是高校体育可持续发展的动力杠杆，但在目前的政策文本中没有得到体现，其作用并没有受到重视，阻碍了高校体育的良性发展[1]。因此，在当前大力发展体育产业的背景下，充分利用高校的人才优势、资源优势、科技优势发展高校体育产业，依靠多部门、多行业的融合发展，实现体育与卫生、旅游、文化、医疗、教育的全面融合，能够逐步扩展到全民健身，为健康中国贡献力量[2]。以上表明，环境型政策工具呈现出金融支持运用空缺、目标规划、法规管制过度使用的两极分化之势。

二、供给型政策工具弱势均衡

经过统计得出，供给型政策工具占总体的 24.70%，显现弱势。在内部具体手段运用方面，除公共服务（6.35%）运用偏少外，基础设施建设（14.29%）、教育培训（20.63%）、资金投入（25.40%）、信息支持（33.33%）呈现相对均衡之势。公共服务运用偏少是受早期教育体制、思想的影响，政府没有认识到高等教育在教书育人、科学研究的同时还能为社会服务，特别是高校体育受到专业限制，只能在高等教育环境内活动，政府在制定政策过程中未能考虑公共服务工具，限制了高校体育的引导和社会示范效应，降低了高校体育的功效。目前，政府已出台高校教师在做好本职工作的余暇，可以利用专业知识和技能从事其他工作为社会服务的政策，这使公共服务运用具备了良好的开端。信息支持是高校体育发展的"催化剂"，在供给型政策工具中应用最多，充分体现了大数据、互联网等现代信息技术促进高校体育与相关专业的互通互联、拓展高校体育未来发展平台的特点。从供给型政策工具的组合情况来看，高校体育政策没有出现结构失衡，说明政策制定者在公共服务、信息支持、资金投入、教育培训和基础设施建设方面都有所兼顾。事实上，供给型政策工具在整体使用上有很大的提升空间，加大其使用力度有利于推动高校体育事业的持续、稳定和健康发展。

[1] 郑志强，郑娟.中国校园足球政策工具分析［J］.武汉体育学院学报，2016，50（4）：5-11.
[2] 曹盛民.当前我国体育产业发展的机遇与对策［J］.商业经济研究，2016（22）：198-199.

三、需求型政策工具匮乏缺位

统计结果显示，政策文本中公共技术采购手段空缺，服务外包 8 条、海外交流 10 条，需求型政策工具（7.06%）应用匮乏，在 3 种类型政策工具中表现为缺位和不足。需求型政策工具对高校体育的拉动作用比环境型政策工具更为快捷、直接，公共技术采购空缺，服务外包、海外交流等方式的运用不足与我国的经济发展水平和教育投入密切相关。政府应该发挥主导作用，加大投入，同时吸引社会资本参与，为高校体育事业发展增添活力。因此，加强需求型政策工具的运用是政府未来政策调整的一个侧重点，是促进高校体育发展的当务之急和现实需要。

四、高校体育基础活动不足，价值成效受阻

通过对高校体育政策文本的归类统计得知，自开启新时代中国特色社会主义建设以来，政府共颁布了国家层面政策文本 55 份，在高校体育价值链维度 Y 轴中，可以清楚地发现各个价值链活动分布并不均衡：课余体育（17.25%）、体育教师（27.06%）、制度与机制（35.69%）三者之间相对均衡，但是却占价值链维度 4/5 的份额，而体育课程（8.63%）与体育环境（11.37%）两者的份额刚刚达到 1/5，总体上显示出前三者与后两者之间的极大落差。实践中，从价值链维度基础活动和支持活动角度讲，高度重视体育课程政策法规建设，基础活动过度倾向于体育课程，使得进行多年的高校体育教学改革收到良好的效果，但是每周一次课、两学时的时长太短，对提高大学生体质健康水平、促进大学生养成良好的锻炼习惯收效甚微，严重降低了价值链成效。所以，应加强课余体育活动政策法规建设，使高校体育、体育教师工作重心向课余体育转移，发挥课余体育在学生课余文化生活中的作用，引导体育教师参与指导、组织课余体育活动，调动学生体育锻炼的积极性、主动性，确保学生每周至少参加三次有组织的锻炼并达到锻炼效果。这对提高大学生体质健康水平、心理控制能力、社会适应能力，发挥高校体育的育人功能具有积极作用。因此，在未来完善相关政策的过程中，政府应有步骤、有针对

性地出台高校课余体育相关政策，形成重点突出、门类齐全、结构合理的高校体育政策体系，兼顾规划管理与政策落实，充分发挥高校、社会力量的相互作用，推动二者共同参与，促使高校体育良性协调发展。

高校体育是高等教育的重要内容，在高等教育综合改革的背景下，高校体育应争当排头兵，因为德、智皆寄托在健康的身体之上，它是培养德智体美劳全面发展的合格人才的物质基础。本章通过对新时代高校体育价值链、政策工具的研究，发现政策工具是为高校体育价值链服务的，是实现价值链活动的方法和手段。工具链中环境型政策工具分化严重、供给型政策工具均衡弱势、需求型政策工具匮乏缺位，都不利于高效发挥高校体育的职能。政府应适时、适当调整政策工具的运用方式，增加资金投入，吸引社会资本，适当降低强势工具的运用，大力加强弱势工具、匮乏缺位工具的选择与应用。恰当选择政策工具的高校体育政策是引领高校体育事业发展的指挥棒，能够保障高校体育价值链快速高效发展，培养更多、更好的社会主义建设合格人才，满足广大人民群众的需要，办人民满意的高校体育教育。

第五章

新时代高校体育政策内容分析

第一节 新时代高校体育政策
内容分析的方法选择与框架设计

一、政策内容分析的方法选择

本章运用 ROSTCM 统计分析软件提取新时代高校体育政策内容的关键词，建构共词矩阵、相关矩阵、相异矩阵，利用 SPSS 和 UCINET 统计分析软件对关键词进行词频、多维尺度、聚类、社会网络分析，挖掘高校体育政策的核心内容。社会网络分析是社会科学和行为科学中一种独特的研究视角，它注重单元之间的相互关系，其内容包括按照关系概念或过程来表述的理论、模型及应用[1]。词频分析是指在政策文本中的某一关键词反复出现时，就证明这个关键词受到政策制定主体所发布政策的重点关注，它是公共政策分析中研究内容变化的有效手段。

二、研究框架设计

本章的研究对象是新时代高校体育政策内容，借助分析与挖掘软件功能掌握政策内容的变化规律，了解政策内容的关键词特征，据此设计研究框架

---

[1] 韩真 . 基于共词分析的主题类型划分方法比较研究［J］. 图书馆，2009（2）：46–47.

及研究步骤：第一，在新时代高校体育政策中选取研究样本，政策内容关键词的选取利用 ROSTCM 统计分析软件与主观判断的方式实现；第二，使用 ROSTCM 统计分析软件中的社会网络与语义网络模块对选取的关键词进行分析，生成共词矩阵、相关矩阵、相异矩阵，借助 UCINET 统计分析软件绘制关键词的网络关系图，分析有关数据，通过分析结果，掌握新时代高校体育政策内容关键词的社会网络特征；第三，在对新时代高校体育政策内容关键词词频统计的基础上，对政策核心内容进行解析，以便直观了解政策核心内容的变化规律。研究框架设计如图 5-1 所示。

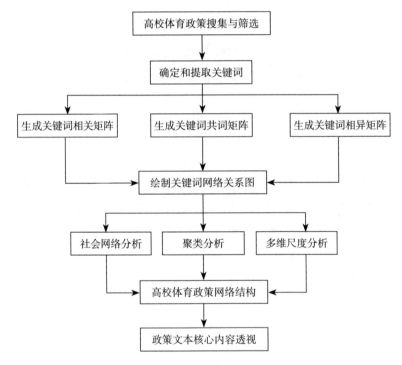

图 5-1　高校体育政策内容挖掘研究框架

三、新时代高校体育政策关键词选取与整理

（一）政策样本关键词初步选取

本章与第四章的分析样本保持一致，仔细研读分析样本后，首先，将文件的接收单位、发文机关以及政策发布时间等在政策文本中无实际意义的一些内容删除。其次，运用 ROSTCM 统计分析软件中的批量文件处理功能将 30 份分析样本合并在一起，称为"母文本"。最后，根据需要，将"母文本"输入 ROSTCM 统计分析软件进行"分词""词频分析"等试探性分析。ROSTCM 统计分析软件可以进行聊天分析、全网分析、网站分析、浏览分析、期刊分析等，功能性分析包含的模块有分词分析、字频分析、英文词频分析、中文词频分析、社会网络和语义网络分析、情感分析、流量分析、批量词频分析、相似分析、网站信息分析、聚类分析、分类分析等。ROSTCM 统计分析软件实用、易用，能够得到可信度非常高的分析结果，因此，本研究确定使用该软件进行词频统计分析。词频的初步统计情况如表 5-1 所示。

表 5-1　高校体育政策样本词频初步统计表

序号	关键词	词频	序号	关键词	词频	序号	关键词	词频
1	教育	1431	21	开展	349	41	落实	237
2	体育	1169	22	建立	339	42	青少年	236
3	教师	1085	23	校园	338	43	全面	229
4	学校	1019	24	培养	326	44	培训	224
5	发展	803	25	体系	319	45	推动	224
6	建设	654	26	高校	310	46	实施	214
7	学生	613	27	服务	310	47	创新	211
8	工作	596	28	人才	306	48	专业	210
9	冰雪	572	29	改革	305	49	部门	203
10	运动	570	30	评价	305	50	积极	202
11	足球	556	31	组织	301	51	全民	194
12	加强	516	32	推进	288	52	督导	193

续表

序号	关键词	词频	序号	关键词	词频	序号	关键词	词频
13	健康	465	33	健身	286	53	中国	188
14	管理	424	34	职业	286	54	资源	187
15	社会	411	35	制度	276	55	标准	183
16	水平	396	36	支持	270	56	保障	180
17	教学	383	37	项目	265	57	提升	177
18	机制	378	38	鼓励	256	58	参与	177
19	完善	367	39	国家	249	59	健全	175
20	活动	357	40	提高	246	60	地区	175

数据来源：根据新时代高校体育政策内容分析样本数据统计整理所得。

高频词在表 5-1 中显示了部分结果，主要有"教育""体育""教师""学校"等。它们在一定程度上表达了政策文本反映的意思，但是，应该明确这些词语在不同位置出现有不同的意思表达，词组具体表达的含义与其组合的词语有着密切的关系。分词后的一些词组表达的意思并非文件要传达的本意，如"健康标准"被拆分为"健康""标准"，"体质健康"被拆分为"体质""健康"，"学校体育"被拆分为"学校""体育"，等等。另外，如"支持""参与"等修饰研究主题的词组也存在其中，需要经过人工对政策文本关键词做进一步整理，这样才能保证关键词的有效性。

（二）政策样本关键词二次整理

首先，利用 ROSTCM 统计分析软件自带的分词过滤功能和自定义分词过滤词表（表 5-2），过滤掉修饰性的与主题不太相关的词组。其次，以统计分析软件默认的关键词表为基础，使用软件中自定义词表功能，定义能够反映样本内容本意的关键词词组。最后，对 ROSTCM 系统分词的计算方法进行重新定义，得到部分新生关键词，如表 5-3 所示。

表 5-2　部分分词过滤词表

序号	过滤词	序号	过滤词
1	树立	21	公布
2	序号	22	在校
3	公民	23	为主
4	一次	24	环节
5	规格	25	面向
6	第八	26	指标
7	如下	27	开设
8	年度	28	正确
9	严重	29	北京
10	模式	30	每天
11	高度	31	贡献
12	学年	32	帮助
13	表彰	33	过程
14	提升	34	机关
15	十三	35	至少
16	成立	36	我们
17	备注	37	初中
18	推广	38	全社
19	评分	39	同志
20	印发	40	从事

数据来源：根据新时代高校体育政策内容分析样本数据统计整理所得。

表 5-3　部分自定义关键词词表

关键词			
体育	质量评价	教育部	资格证
教育	达标测试	交流合作	教练员
学校	体育运动	学术科研	共青团
学生	体质监测	法律规范	资格认定

关键词			
教师	培训指导	运动员	结构调整
高校	课余活动	国务院	专项资金
体育教学	考核评估	高等教育	指导纲要
政策规则	冬季训练	技能评定	指标体系
全民健身	资源保障	场馆设施	政策支持
行政部门	高素质人才	社会参与	运动成绩
科学文化	医疗保健	实践基地	业余竞赛
器材设备	思想品德	运动队	业务素质
督导检查	安全保障	运动会	学校体育
改革创新	环境卫生	阳光体育	学生运动员
竞赛制度	制定计划	青年骨干	学科建设
资金投入	信息技术	锻炼习惯	信息化建设
身体素质	校园足球	现代化	心理健康
管理	伤害事故	裁判员	协调配合
社会	科技创新	终身体育	负责制
校园环境	行政体制	身心健康	校园文化

数据来源：根据新时代高校体育政策内容分析样本数据统计整理所得。

　　为了全面进行政策样本词频分析，笔者共自定义了140个关键词词组，由于篇幅所限，表5-3仅列出自定义的部分关键词。本章经过重新定义分词过滤词表和自定义关键词词表，完成了对关键词的重新提取与整理，得到关键词过滤后的有效词表。表5-4列出的关键词仅为关键词词表的前30位，从中可以了解到高校体育政策文本的核心内容。

表5-4　高校体育政策文本词频统计

序号	关键词	词频	序号	关键词	词频
1	教育	1431	16	健身	194
2	体育	1169	17	督导检查	193
3	教师	1085	18	社会资源	187

续表

序号	关键词	词频	序号	关键词	词频
4	学校	1019	19	场馆设施	173
5	青少年	613	20	考核标准	170
6	冰雪运动	572	21	竞赛	169
7	校园足球	556	22	政策规则	166
8	体质	465	23	科学文化	156
9	管理	424	24	信息技术	154
10	体育教学	383	25	安全	149
11	课余活动	357	26	冬季训练	137
12	评价体系	319	27	师德师风	122
13	高校	422	28	综合素质	115
14	改革创新	305	29	高水平	110
15	培训指导	224	30	国际交流	100

数据来源：根据新时代高校体育政策内容分析样本数据统计整理所得。

四、新时代高校体育政策构建的共词矩阵

（一）生成原始矩阵

共词分析是统计某一专业术语在同一文献中共同出现的频次，分析判断该专业术语和学科领域主题间的相互关系，使该学科的研究结构得以展现的分析方法。这一专业术语（如关键词）能够表达研究方向或学科领域的研究主题。共词分析是一种内容分析法[1]。本研究在 Excel 中输入表 5-4 的 30 个高频关键词，统计每两个关键词出现在同一政策文本中的次数，即每个关键词与其他关键词共同出现在同一政策文本中的次数。两个关键词出现在同一文本中的频率越高，它们之间就表现出越为密切的关系，这样一个共词矩阵（30×30）就形成了，我们称之为原始矩阵。为便于显示，横向表头用序号

[1]　QIN H. Knowledge discovery through co-word analysis [J]. Library Trends, 1999, 48（1）：133-159.

1~30 分别表示"教育"至"国际交流",见表 5-5。矩阵中对应关键词总频次为出现在对角线上的数字,在 30 份文本中两个关键词一起出现的频次为非主对角线单元格中的数字。例如,"教育"出现的总次数为 1431 次,"体育"出现的总次数为 1169 次,而"教育"与"体育"共同出现的次数为 23 次,表示这两个关键词在 23 份政策文本中同时使用。共词矩阵提供的有效数据是后面对政策样本关键词进行社会网络分析的基础。

表 5-5 部分关键词共词矩阵列表

关键词	1	2	3	4	……	27	28	29	30
教育	1431	23	26	30	……	9	13	16	16
体育	23	1169	20	23	……	3	10	13	15
教师	26	20	1085	25	……	9	13	14	13
学校	30	23	25	1019	……	9	13	16	16
青少年	29	23	25	29	……	8	13	16	15
冰雪运动	12	12	10	12	……	2	5	9	10
校园足球	13	13	11	13	……	2	6	9	10
体质	17	16	15	17	……	3	10	10	12
管理	27	20	23	27	……	9	13	16	15
体育教学	16	16	14	16	……	3	8	11	12
课余活动	14	14	13	14	……	2	7	10	11
评价体系	23	17	21	23	……	9	13	15	15
高校	25	18	22	25	……	9	13	15	14
改革创新	29	22	25	29	……	9	13	16	16
培训指导	28	22	24	28	……	8	12	16	16
健身	11	11	10	11	……	0	5	7	9
督导检查	21	15	18	21	……	8	9	12	11
社会资源	18	17	17	18	……	4	9	13	14
场馆设施	21	20	18	21	……	3	9	14	14
考核标准	22	16	19	22	……	9	13	15	14
竞赛	18	18	16	18	……	2	9	13	14
政策规则	24	21	21	24	……	6	12	15	15
科学文化	24	20	21	24	……	7	11	15	16

续表

关键词	1	2	3	4	……	27	28	29	30
信息技术	19	13	16	19	……	8	9	12	13
安全	24	19	20	24	……	7	10	14	14
冬季训练	12	12	12	12	……	2	8	10	10
师德师风	9	3	9	9	……	122	6	5	3
综合素质	13	10	13	13	……	6	115	10	8
高水平	16	13	14	16	……	5	10	110	12
国际交流	16	15	13	16	……	3	8	12	100

数据来源：根据新时代高校体育政策内容分析样本数据统计整理所得。

（二）相关矩阵及相异矩阵构造

在共词分析实际计量过程中，共现频次作为关键词出现次数的绝对值，不能真实反映词与词之间的依赖程度，若想揭示关键词间真正的共现关系，需包容化处理共现频次，建构相关矩阵[1]。本研究利用 Ochiai 系数将共词矩阵转化为相关矩阵、多值矩阵转化为相关矩阵，其取值区间为［0，1］，具体计算公式是共词矩阵中 X、Y 两个关键词共同出现的次数除以 X、Y 两个关键词各自出现频次开方的乘积。为便于显示，横向表头分别用序号 1~30 表示"教育"至"国际交流"，见表 5-6。

表 5-6　部分关键词相关矩阵列表

关键词	1	2	3	4	5	……	27	28	29	30
教育	1.000	0.041	0.048	0.058	0.079	……	0.096	0.142	0.172	0.182
体育	0.041	1.000	0.042	0.050	0.069	……	0.046	0.119	0.150	0.176
教师	0.048	0.042	1.000	0.056	0.078	……	0.101	0.150	0.165	0.166
学校	0.058	0.050	0.056	1.000	0.092	……	0.106	0.158	0.191	0.203
青少年	0.079	0.069	0.078	0.092	1.000	……	0.118	0.192	0.233	0.238
冰雪运动	0.036	0.038	0.034	0.042	0.055	……	0.041	0.085	0.129	0.146
校园足球	0.040	0.042	0.039	0.046	0.061	……	0.044	0.100	0.136	0.154
体质	0.059	0.059	0.059	0.068	0.089	……	0.068	0.162	0.175	0.205

---

[1]　吴进.基于文本分析的我国产业共性技术创新政策研究［D］.广州：华南理工大学，2013.

关键词	1	2	3	4	5	……	27	28	29	30
管理	0.097	0.080	0.093	0.112	0.139	……	0.149	0.225	0.273	0.279
体育教学	0.065	0.068	0.064	0.075	0.095	……	0.074	0.154	0.198	0.220
课余活动	0.061	0.064	0.063	0.070	0.090	……	0.065	0.146	0.191	0.212
评价体系	0.105	0.086	0.106	0.120	0.146	……	0.165	0.251	0.295	0.311
高校	0.091	0.073	0.089	0.104	0.129	……	0.145	0.220	0.257	0.262
改革创新	0.133	0.111	0.128	0.150	0.184	……	0.179	0.275	0.334	0.352
培训指导	0.162	0.138	0.153	0.181	0.218	……	0.197	0.312	0.390	0.412
健身	0.080	0.082	0.079	0.090	0.111	……	0.058	0.160	0.205	0.239
督导检查	0.142	0.113	0.135	0.159	0.189	……	0.193	0.270	0.337	0.344
社会资源	0.129	0.126	0.131	0.145	0.179	……	0.144	0.268	0.346	0.376
场馆设施	0.155	0.152	0.146	0.173	0.212	……	0.150	0.297	0.392	0.415
考核标准	0.162	0.130	0.154	0.181	0.215	……	0.225	0.346	0.408	0.419
竞赛	0.139	0.142	0.135	0.155	0.191	……	0.127	0.281	0.363	0.395
政策规则	0.176	0.162	0.169	0.196	0.240	……	0.198	0.349	0.427	0.451
科学文化	0.183	0.163	0.176	0.204	0.243	……	0.216	0.351	0.442	0.476
信息技术	0.155	0.119	0.144	0.172	0.203	……	0.212	0.296	0.369	0.398
安全	0.189	0.161	0.175	0.210	0.248	……	0.219	0.342	0.433	0.456
冬季训练	0.117	0.119	0.124	0.131	0.161	……	0.121	0.265	0.324	0.342
师德师风	0.096	0.046	0.101	0.106	0.118	……	1.000	0.198	0.206	0.187
综合素质	0.142	0.119	0.150	0.158	0.192	……	0.198	1.000	0.362	0.355
高水平	0.172	0.150	0.165	0.191	0.233	……	0.206	0.362	1.000	0.459
国际交流	0.182	0.176	0.166	0.203	0.238	……	0.187	0.355	0.459	1.000

数据来源：根据新时代高校体育政策内容分析样本数据统计整理所得。

相关矩阵显示的是相似数据，数值大小反映对应两个词间距离的远近，距离越远相似度越差，距离越近相似度越好[1]。相关矩阵主对角线值都为1，

---

[1] 樊霞，吴进，任畅翔.基于共词分析的我国产学研研究的发展态势［J］.科研管理,2013,34（9）：11–18.

表明某词与自身最大限度相关，如"体育"自身相关系数为1。相反，矩阵中数值越小表明相似度越低，两两关键词间距离越远。例如，"冰雪运动"与"教师"对应的数值为0.034，说明这两个关键词相似度低、距离远。为满足后续多维尺度分析与聚类分析的需要，消除误差，用1与上述相关矩阵的各个数据相减得到相异矩阵，它是两个关键词间差异程度的反映。为便于显示，横向表头分别用序号1~30表示"教育"至"国际交流"，如表5-7所示。

表5-7　部分关键词相异矩阵列表

关键词	1	2	3	4	5	……	27	28	29	30
教育	0.000	0.959	0.952	0.942	0.921	……	0.904	0.858	0.828	0.818
体育	0.959	0.000	0.958	0.950	0.931	……	0.954	0.881	0.850	0.824
教师	0.952	0.958	0.000	0.944	0.922	……	0.899	0.850	0.835	0.834
学校	0.942	0.950	0.944	0.000	0.908	……	0.894	0.842	0.809	0.797
青少年	0.921	0.931	0.922	0.908	0.000	……	0.882	0.808	0.767	0.762
冰雪运动	0.964	0.962	0.966	0.958	0.945	……	0.959	0.915	0.871	0.854
校园足球	0.960	0.958	0.961	0.954	0.939	……	0.956	0.900	0.864	0.846
体质	0.941	0.941	0.941	0.932	0.911	……	0.932	0.838	0.825	0.795
管理	0.903	0.920	0.907	0.888	0.861	……	0.851	0.775	0.727	0.721
体育教学	0.935	0.932	0.936	0.925	0.905	……	0.926	0.846	0.802	0.780
课余活动	0.939	0.936	0.937	0.930	0.910	……	0.935	0.854	0.809	0.788
评价体系	0.895	0.914	0.894	0.880	0.854	……	0.835	0.749	0.705	0.689
高校	0.909	0.927	0.911	0.896	0.871	……	0.855	0.780	0.743	0.738
改革创新	0.867	0.889	0.872	0.850	0.816	……	0.821	0.725	0.666	0.648
培训指导	0.838	0.862	0.847	0.819	0.782	……	0.803	0.688	0.610	0.588
健身	0.920	0.918	0.921	0.910	0.889	……	0.942	0.840	0.795	0.761
督导检查	0.858	0.887	0.865	0.841	0.811	……	0.807	0.730	0.663	0.656
社会资源	0.871	0.874	0.869	0.855	0.821	……	0.856	0.732	0.654	0.624
场馆设施	0.845	0.848	0.854	0.827	0.788	……	0.850	0.703	0.608	0.585
考核标准	0.838	0.870	0.846	0.819	0.785	……	0.775	0.654	0.592	0.581
竞赛	0.861	0.858	0.865	0.845	0.809	……	0.873	0.719	0.637	0.605
政策规则	0.824	0.838	0.831	0.804	0.760	……	0.802	0.651	0.573	0.549
科学文化	0.817	0.837	0.824	0.796	0.757	……	0.784	0.649	0.558	0.524
信息技术	0.845	0.881	0.856	0.828	0.797	……	0.788	0.704	0.631	0.602

关键词	1	2	3	4	5	……	27	28	29	30
安全	0.811	0.839	0.825	0.790	0.752	……	0.781	0.658	0.567	0.544
冬季训练	0.883	0.881	0.876	0.869	0.839	……	0.879	0.735	0.676	0.658
师德师风	0.904	0.954	0.899	0.894	0.882	……	0.000	0.802	0.794	0.813
综合素质	0.858	0.881	0.850	0.842	0.808	……	0.802	0.000	0.638	0.645
高水平	0.828	0.850	0.835	0.809	0.767	……	0.794	0.638	0.000	0.541
国际交流	0.818	0.824	0.834	0.797	0.762	……	0.813	0.645	0.541	0.000

数据来源：根据新时代高校体育政策内容分析样本数据统计整理所得。

相异矩阵中，两个关键词对应的数据越趋近 0，相互之间具有越近的距离，则这两个关键词具有越高的相似度；相反，两个关键词对应的数据越趋近 1，相互之间具有越远的距离，则这两个关键词具有越低的相似度[1]。相异矩阵主对角线上为 0 的数据，表示关键词与自身不相异。相关矩阵和相异矩阵中两两关键词数值的大小反映它们之间距离的远近，也表明它们之间的亲疏关系和内部结构联系。

第二节　新时代高校体育政策内容多元统计分析

一、聚类分析

聚类分析是数据挖掘中一种活跃的文献计量方法，依据关键词之间的共现强度，把一些共现强度较大的关键词聚集在一起形成一个个聚类[2]。聚类分析方法主要有两步聚类法、均值聚类法、系统聚类法，使用不同的聚类分析方法也会得到不同的结论。本部分采用系统聚类法进行研究，将表 5-7 部分高频关键词相异矩阵导入 SPSS 统计分析软件，利用"分析"中的"分类——

[1] 王佑镁，陈慧斌 . 近十年我国电子书包研究热点与发展趋势——基于共词矩阵的知识图谱分析 [J]. 中国电化教育，2014（5）：4-10.

[2] 罗润东，徐丹丹 . 我国政治经济学研究领域前沿动态追踪——对 2000 年以来 CNKI 数据库的文献计量分析 [J]. 经济学动态，2015（1）：86-95.

系统聚类"功能，把 30 个高频关键词作为变量，分群中选择变量，输出中选择统计量和图，继续点击统计量，合并进程表、相似性矩阵，继续点击绘制，选择树状图、所有聚类，继续点击方法，在聚类方法中选择 Ward 法，在度量标准区间中选择平方 Euclidean 距离，继续；点击确定，最终以树状图的形式输出统计结果，如图 5-2 所示。

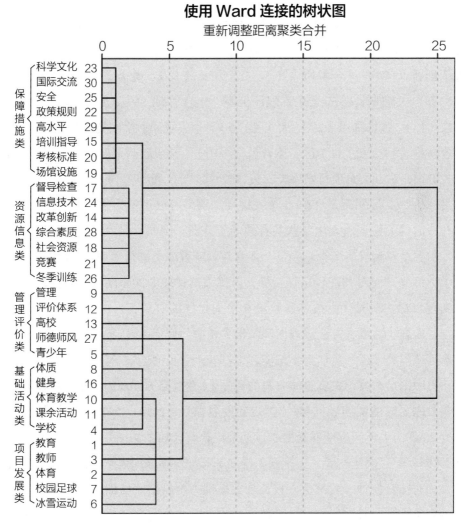

图 5-2　聚类分析树状图

资料来源：根据法律法规网和教育部网站下载数据整理，并通过 SPSS 统计分析软件生成。

聚类分析树状图显示出各个关键词每次聚类过程及合并状况，清楚地反映聚类进度，各个关键词间的关系表现较为明确，并且直观展现了各个关键词先后聚类的顺序[1]。由图5-2可知，科学文化（23）、国际交流（30）、安全（25）、政策规则（22）、高水平（29）、培训指导（15）、考核标准（20）、场馆设施（19）这8个关键词无先后顺序地首先聚在一起，形成树状图的第一类。如此推导出树状图的其他4类。从树状图整体上看，30个高频关键词比较明显地聚成5个类别，从上往下依次为：第一类是保障措施类，包含上述8个关键词；第二类是资源信息类，包含督导检查（17）、信息技术（24）、改革创新（14）、综合素质（28）、社会资源（18）、竞赛（21）、冬季训练（26）7个关键词；第三类是管理评价类，包含管理（9）、评价体系（12）、高校（13）、师德师风（27）、青少年（5）5个关键词；第四类是基础活动类，包含体质（8）、健身（16）、体育教学（10）、课余活动（11）、学校（4）5个关键词；第五类是项目发展类，包含教育（1）、教师（3）、体育（2）、校园足球（7）、冰雪运动（6）5个关键词。聚类可以理解为物以类聚的意思，聚在一起的关键词表现出某些共有的同质特征。例如，保障措施类的培训指导，主要是对高校体育管理人员、体育教师、教练员进行管理，在教育教学、科学训练等方面对其进行培训指导，以提高其技能，保障高校体育活动高效率实现目标。新时代高校体育政策在培训指导的对象、目标、资源、计划、机制、内容、手段、方法等方面都做出了相应的规定。《国务院办公厅转发教育部等部门关于进一步加强学校体育工作若干意见的通知》《国务院办公厅关于印发中国足球改革发展总体方案的通知》《教育部等6部门关于加快发展青少年校园足球的实施意见》《冰雪运动发展规划（2016—2025年）》《体育总局等23部门关于印发〈群众冬季运动推广普及计划（2016—2020年）〉的通知》《国家教育事业发展"十三五"规划》等文件要求加强学校体育教师队伍建设，对体育教师、教练员、校长加大培训力度、拓宽培训渠道，开展体育教师全员培训，着力培养一大批体育骨干教师和体育名师等领军人才；充分

[1] 顾洪涛.我国高校图书馆研究热点探析：基于CNKI期刊论文关键词的共词分析[D].大连：辽宁师范大学，2014.

利用多样化教育资源，通过招录、职前培训、继续教育、挂职锻炼、在职海外研修、专项培训、国内外交流等途径，线上线下结合开发培训课程，为教师创造选择培训内容、资源、途径和机构的机会；落实每 5 年一周期的全员培训制度，健全足球、冰雪人才职业标准和社会体育指导员培训体系；加强教师教学基本功训练和信息技术能力培训，提高其教学教练水平，重点提高其教育教学能力；鼓励引进海外高水平足球教练，到 2020 年完成对 5 万名校园足球专、兼职足球教师的一轮培训；鼓励相关高等院校通过增设冬季运动相关专业或课程、建立冬季运动培训基地和冬季运动研究中心等方式培养冬季运动人才；鼓励青年教师参与教学团队、创新团队，发挥教学名师和优秀教师的示范引领作用。

资源信息类中的信息技术，是指管理和处理信息所采用的各种技术的总称。信息技术的发展给现代教育带来了发展的动力，为现代教育提供了丰富的信息资源与工具，信息技术的应用已成为现代教育技术的特征之一，也是新时代高校体育政策中频繁使用的手段。高校体育政策中有关信息技术的政策有《教育部关于深化高校教师考核评价制度改革的指导意见》《国家教育事业发展“十三五”规划》《中共中央　国务院关于全面深化新时代教师队伍建设改革的意见》《教育部关于全面推进教师管理信息化的意见》《国务院办公厅〈关于强化学校体育促进学生身心健康全面发展的意见〉》《中共中央办公厅　国务院办公厅印发〈关于深化新时代教育督导体制机制改革的意见〉》《中共中央　国务院印发〈深化新时代教育评价改革总体方案〉》，对教师教学基本功和信息化能力、校长和教育行政管理人员现代教育治理能力、教师信息化管理、课程教学与应用服务、教育督导信息化管理、教育评价工具等做出了规定。要全面开展依法治教和教育信息化领导力培训，创新教师管理方式方法，促进信息技术与教育的融合创新发展，大力加强信息技术手段的应用，充分利用互联网、大数据、云计算构建网络化、数字化、个性化、终身化信息平台，开发和创新管理、教学、督导、评价资源和方式，提升教师管理的效率与水平，增强教学吸引力，提高教育督导的信息化、科学化水平以及教育评价的科学性、专业性和客观性。

管理出效益，评价导方向。有什么样的评价指挥棒，就有什么样的办学导向。因此，中共中央 国务院印发《深化新时代教育评价改革总体方案》等11项政策对高校、教育、教学、教师、学生的管理评价做出了重要调整。上述政策把体育工作及其效果作为高校办学评价的重要指标纳入高校本科教学工作评估指标体系和"双一流"建设成效评价。建立科学规范的学校体育工作评价机制，并纳入综合办学和教育教学质量评价体系。探索将高校足球竞赛成绩纳入高校体育工作考核评价体系。完善立德树人体制机制，扭转不科学的教育评价导向，坚决克服唯分数、唯升学、唯文凭、唯论文、唯帽子的顽瘴痼疾，将体质改善情况作为教育质量监测和教育评价的重要内容。完善评价结果运用，综合发挥导向、鉴定、诊断、调控和改进作用。完善考试评价办法，发挥体育考试的导向作用。体育课程考核要突出过程管理，从学生出勤、课堂表现、健康知识、运动技能、体质健康、课外锻炼、参与活动情况等方面进行全面评价，探索开展学生各年级学习情况全过程纵向评价、德智体美劳全要素横向评价，促进学生德智体美劳全面发展。完善体育教师岗位评价。把师德师风作为评价体育教师素质的第一标准。围绕教会、勤练、常赛的要求，完善体育教师绩效工资和考核评价机制。将评价导向从教师教了多少转向教会了多少，从完成课时数量转向教育教学质量。改进高校教师科研评价。突出质量导向，重点评价学术贡献、社会贡献以及支撑人才培养情况，不得将论文数、项目数、课题经费等科研量化指标与绩效工资分配、奖励挂钩。高校体育政策中科学合理的管理评价体制机制能够使高校体育持续健康发展。

二、多维尺度分析

多维尺度分析的观测量（关键词）以点状分布在结果图中，每个点的位置显示了在文献中关键词之间的共现性，聚集在一起的关键词有高度共现性，形成一个主题群。主题群之间关键词共现的数量多少与共现频次的高低综合决定主题群间距离的远近，越重要的主题群包含的关键词数量越多、越靠近原点，主题群内聚集关键词的紧密程度显示了主题群中心点的明显程度[1]。本

---

[1] 罗敏，朱雪忠.基于共词分析的我国低碳政策构成研究［J］.管理学报，2014，11（11）：1680–1685.

研究将高校体育政策文本内容高频关键词的相异矩阵（表 5-7）导入 SPSS，利用分析菜单度量里的多维尺度分析（ALSCAL）（M），将 30 个高频关键词作为变量，在距离中选择"从数据创建距离"，度量中使用 Euclidean 距离，之后点击模型，度量水平选"序数"，条件性选择"矩阵"，维数中利用二维尺度，度量模型选择个别差异 Euclidean 距离（D），继续点击选项，输出中选择"组图（G）"，继续点击确定，即可得到多维尺度分析的可视化结果（图 5-3）。

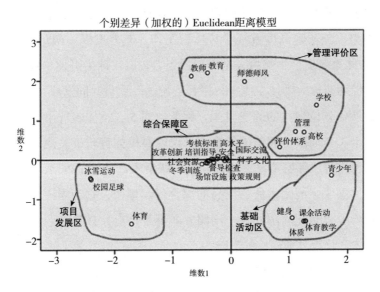

图 5-3　多维尺度分析结果

资料来源：根据法律法规网和教育部网站下载数据整理，并通过 SPSS 统计分析软件生成。

图 5-3 中有 4 个词团清晰显现：第一词团是综合保障区，位于图的中心位置，词团里国际交流、培训指导、改革创新、科学文化、社会资源、督导检查、场馆设施等是其他 3 个词团共同涉及的内容，能为其他 3 个词团实现目标提供软硬件支持保障。政策文本中涉及该词团的内容较多，其与另外 3 个词团的距离大致相当，所以聚集在了中心的位置，其他 3 个词团围绕在第一词团的周围。第二词团是管理评价区，位于图的右上方，词团中的关键词

有教育、教师、师德师风、学校、高校、管理、评价体系，突出管理评价的对象、标准，显现师德师风在教育、教师中的首要位置，教育大计，教师为本，师德师风是评价教师的第一标准。科学、合理的管理评价体系能有效推动高校发展，引导、规范高校发展方向，对高校建设、人才培养具有积极的促进作用。第三词团是基础活动区，位于图的右下方，包括青少年、体质、健身、体育教学、课余活动等关键词，是通过体育教学、课余活动让学生进行健身，达到增强学生体质、促进学生身心健康的目标。第四词团是项目发展区，位于图的左下方，包括体育、冰雪运动、校园足球3个关键词。在新时代党中央、国务院高度重视学校体育工作，充分发挥校园足球育人功能，以2022年北京冬奥会为契机，基本形成了以校园足球为引领、校园冰雪运动为特色，带动篮球、排球、体操、田径、游泳等项目共同发展，课内、课外、校内、校外全方位参与的健身氛围。因此，图5-3整体表现出以第一词团为核心、其余3个词团三面包围的形态，说明高校体育政策关注的焦点不仅是高校的管理评价、师德师风、体育教学、课余体育、冰雪运动、校园足球等，还是促使周围3个词团发展、提高的综合保障词团，它为周围3个词团提供动力和保障。分布在周围的3个词团并非不是重点，只是受到了分类和项目以及高校体育政策分别调控的影响。

比如，第一词团综合保障区的国际交流，是教育国际化的合作平台，通过此平台我们可以直接吸收国外优质的教学理论，强化自身的能力，提升我国教育的国际地位、影响力和竞争力，培养大批具有国际视野、通晓国际规则、能够参与国际事务和国际竞争的国际化人才。《国家教育事业发展"十三五"规划》指出，要分类推进教育国际合作交流，加强与大国、周边国家、发展中国家教育务实合作，形成重点推进、合作共赢的教育对外开放局面。立足国情与借鉴国际经验相结合，《国务院办公厅关于印发中国足球改革总体方案的通知》《体育总局等23部门关于印发〈群众冬季运动推广普及计划（2016—2020年）〉的通知》《国务院关于印发全民健身计划（2016—2020年）的通知》《国务院办公厅关于印发体育强国建设纲要的通知》等要求在高校体育师资队伍建设，赛事管理，足球、冰雪等专业人才和大众体育人才培养等方面进行广泛的国际交流合作，以足球为突破口，以冰雪为特色，带动"三大球"、田径、游泳、体操等项目的普及和竞技水平的提高，弘扬奥林匹克精神，积极推进足球、冰雪运动进校园工作，引领全民健身开放发展，强化科技助力，整体提升教学、训练、竞赛、锻炼的科学化水平，建设体育强国、树立我国体育大国形象。第二词团管理评价区的师德师风是教师道德素质的基本表现，影响着学风、校风和人才培养质量，关系到国家的未来。因此，党中央、国务院非常重视师德师风建设，出台了多份关于师德师风的文件。《教育部关于深化高校教师考核评价制度改革的指导意见》《教育部等七部门印发〈关于加强和改进新时代师德师风建设的意见〉的通知》等 6 项文件要求，注重加强对教师思想政治素质、师德师风等的监察监督，强化师德考评，体现奖优罚劣，推行师德考核负面清单制度，建立教师个人信用记录，完善诚信承诺和失信惩戒机制，着力解决师德失范、学术不端等问题；把立德树人的成效作为检验学校一切工作的根本标准，把师德师风作为评价教师队伍素质的第一标准，完善体育教师岗位评价；坚决克服重科研轻教学、重教书轻育人等缺点，把师德表现作为教师资格定期注册、业绩考核、职称评聘、评优奖励的首要要求，强化教师思想政治素质考察，推动师德师风建设常态化、长效化。

　　本研究多维尺度分析的 4 个词团在一定程度上大致与聚类分析的 5 个聚类结果吻合，有些关键词发生了变化，如教育、教师、师德师风在多维尺度分析中聚集成一个词团，而在聚类分析中分散在 3 个聚类之中。这并不说明聚类分析和多维尺度分析的分析方式正确与否，而是由于分析采用的标准不同。

三、社会网络分析

（一）关键词共现网络图谱

　　为使关键词间相关关系更加明确直观，在 ROSTCM 统计分析软件中导入"母文本"，ROSTCM 统计分析软件中的 NetDraw 能对"母文本"行里的特征词进行构建网络共词矩阵，"母文本"同一行中两两关键词出现的频数就是关键词共现数值。ROSTCM 统计分析软件中的社会网络和语义网络生成工具能够完成这一过程，如图 5-4 所示，最终得到图 5-5 所示的新时代高校体育政策"母文本"的关键词网络图谱。图谱中文本关键词都由节点来代表，关键词相互关联性由节点间的连线表示，在图 5-5 中能够清楚地观察到"教育""学生""学校""机制""社会"等关键词位于图谱的中心，处在中心位置的这些关键词体现了高校体育政策文本的核心内容。同时还能发现一些关键词零散地处于网络图谱边缘，游离在边缘位置的关键词虽然远离核心位置，但是有些是代表未来发展趋势的新兴关键词，其研究价值同样重要，如"冰雪""适应""创新""校园""足球"等。在 NetDraw 网络分析图谱中，既能直观地认识政策文本关键词，又能获得词组之间的结构关系。"学校""教育"两个节点位于这个关键词网络图谱的核心位置，对其他共现关键词拥有最强影响力，就是说这两个关键词与其他词组有最高关联程度，能够联系这一网络中的许多节点，这些节点需要分别通过"学校""教育"两个关键词实现关键词共现。也可以这样解释：在网络中与"学校""教育"这两个关键词关系最为紧密的那些关键词，同样可以被视为核心词组。

图 5-4　ROSTCM 统计分析软件中社会网络与语义网络分析

资料来源：根据法律法规网和教育部网站下载数据整理，并通过 ROSTCM 统计分析软件生成。

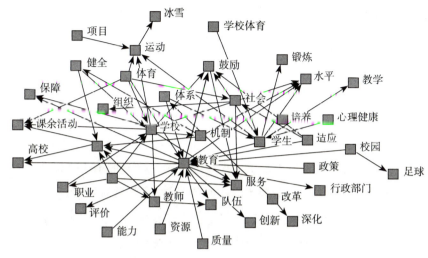

图 5-5 NetDraw 社会网络语义分析

资料来源：根据法律法规网和教育部网站下载数据整理，并通过 UCINET 统计分析软件生成。

从图 5-5 中可以发现，"课余活动""锻炼""运动"等关键词表明，课余体育活动作为高校体育的基础活动，是新时代高校体育政策关注的重要内容。"每天锻炼一小时，健康工作 50 年，幸福生活一辈子"是教育部前任部长周济在第七届全国大学生运动会开幕式上向全国广大青少年学生提出的口号，前两句是清华大学 20 世纪 50 年代的口号精髓，虽然历经 60 多年时间，但是意义仍然重大，至今，"每天锻炼一小时"仍是高校体育政策的重要内容。比如，《高等学校体育工作基本标准》中，将课外体育活动纳入学校教学计划，面向全体学生设置多样化、可选择、有实效的锻炼项目，组织学生每周至少参加三次课外体育锻炼，切实保证学生每天一小时体育活动时间。《国务院办公厅关于强化学校体育促进学生身心健康全面发展的意见》要求学校强化课外锻炼，将学生在校内开展的课外体育活动纳入教学计划，列入作息时间安排，与体育课教学内容相衔接，切实保证学生每天一小时的校园体育活动落到实处。《教育部办公厅关于组织开展加快发展青少年校园足球重点督察工作的通知》重点督察区域内学校开足开齐体育课，保证学生每天一小时校园体育活动等情况。

体育总局等 23 部门关于印发《群众冬季运动推广普及计划（2016—2020 年）》的通知指出，要因地制宜、科学规划、合理布局我国各类冬季运动场地的建设和发展。有条件的城市可打造一小时冬季运动健身圈。实践中，经过多年的高校体育教学改革，体育课程、教材、教师、教学手段、方式方法取得了长足的进步，高水平运动队、课余体育训练成绩得到大幅提升，方式方法等方面也有很大改进。大学生体质健康水平的提高，需要足够时间的体育锻炼，每周一次、两学时的体育课程难以满足学生提高健康水平对锻炼时间的需要。课内的学习、锻炼结合课外的"每天锻炼一小时"，这样的政策顶层设计如能得到认真落实和有效执行，学生体质健康水平定能得到快速提升，但现实情况是学生体质健康水平在持续下滑。这些现象说明，促进大学生体育健康水平提升的课余体育活动功能未能有效发挥，面向全体学生的每周至少参加三次有组织的课余体育活动的要求没有得到落实。究其原因，国家层面高校体育政策在课余体育活动方面尚未有配套政策，这是因为课余体育活动涉及面广，场馆设施、场地器材、体育教师配备、课余体育锻炼时间有必要性规定等。因此，应尽快制定关于课余体育活动的配套政策，在参与活动时间方面规定为"必须"（如高校体育课程必须达到 144 学时），明确增加体育教师配备，以满足高校体育教学与指导课余体育活动的需要，在政策规定、软硬件配备等方面，为课余体育活动提供必要的保证，确保全体学生每周参加至少三次课余体育活动，促进学生体质健康水平的提高。

在图 5-5 中，"体育科研""体育产业"等关键词没有显现，说明在高校体育政策内容之中高校体育科研、高校体育产业相关的主题频次较少或者不存在。在政策内容挖掘过程中，笔者发现政府主管部门对高校体育科研缺乏明确的指导，说明其对高校体育科研方面缺乏政策支持。体育科研不仅是体育科研院所的责任，也是兼备一定体育科研基础的普通高校的责任。高校具有综合性学科优势，应利用学科交叉与融合找准切入点，发挥综合性高校人才优势、科研优势，运用理、工、文、管、医、药、教育、艺术学科中的知识底蕴，加大经费投入力度，对科研队伍、科研场所、科研设备等方面进行建设，为高校体育科研创造良好的条件，用体育科学研究成果助推高校体育发展，为实现奥运争光计划、全民健身计划以及健康中国、体育强国的宏伟蓝图做出应有贡献。

高等学校作为具有公益性质的事业型单位，应当发挥其人才、场地、综合技术等方面的优势，发展高校体育产业，在满足高校体育发展需要的同时，为自身提供经费支持。但是，就目前来看，普通高校体育部门在经费方面依然靠财政拨付的体育事业经费来维持高校体育活动，很少有高校通过发展高校体育产业的方式自筹资金促进体育事业发展。在发达国家，高校体育产业已经成为高校的支柱性产业，其1/4的经费均来自体育，并且政府等部门所给予的政策支持有效促进了高校体育产业的发展[1]。美国大学体育联盟及各大高校体育事业部在2014—2015年赛季共获得11亿美元赞助；NCAA（全国大学体育协会）在2024年之前每年媒体转播权的转让费用为7.8亿美元，2025—2032年每年媒体转播权的收入则预计为11亿美元；目前，Pac-12联盟每年媒体转播权转让收入也能达到2.5亿美元[2]。《国务院关于加快发展体育产业促进体育消费的若干意见》是国务院2014年发布的文件，把体育产业作为绿色产业、朝阳产业进行扶持，强调向改革要动力，向市场要活力，力争到2025年，体育产业总规模超过5万亿元，成为推动经济社会持续发展的重要力量[3]。数据显示，近年来，我国体育产业产值不断增长。2018年，我国体育产业产值为24090.4亿元；2020年超过30000亿元，达到30113.5亿元。尽管政府在体育产业方面发布了政策，体育产业产值逐渐增加，但是，高校体育作为体育事业的重要组成部分，在体育产业方面却踟蹰不前，究其原因，有以下三点：其一，缺少政策支持；其二，高校主管部门及高校领导重视程度不够；其三，高校体育部门存在"等、靠、要"的保守思想。其中，高校体育产业政策的缺乏是主要原因。因此，高校体育主管部门应高度重视高校体育产业的作用，研究制定有利于高校体育产业发展的政策及相关实施细则，发展高校体育产业，为高校体育及高等教育的发展提供动力。

[1] 徐丰.浅谈我国高校体育产业开发现状及措施［J］.经济研究导刊，2017（31）：59-60.

[2] 齐朝勇.我国高校体育产业发展现状及其特征研究［J］.经济研究导刊，2017（19）：23-24.

[3] 刘伟言，赵晓莉.我国高校发展体育产业的必要性及策略［J］.陕西教育（高教），2018（8）：37-38.

（二）网络密度分析

在 UCINET 统计分析软件中选择"Network—Cohesion—Density"项目，得到图 5-6 所示结果。图中 14.7080 是关键词网络密度值，表明关键词之间联系程度较低，网络节点之间较稀疏地连接在一起。图中 5.7263 的均方差值，表明关键词之间大部分缺少有效联系、小部分联系紧密，整个网络存在小范围关键词聚集现象，节点间没有紧密连接，具有较低的网络离散程度。上面的分析结果显示，离散程度低、网络密度小的情况可同时存在于关键词网络中，这反映出新时代高校体育政策文本内容仅聚集在少数几个方面，而许多方面缺少彼此之间必要的联系。

```
BLOCK DENSITIES OR AVERAGES
--------------------------------------------------------------------------------

Input dataset:            共词矩阵 (C:\Users\ThinkPad\Desktop\共词矩阵)


Relation: Sheet1

Density (matrix average) = 14.7080
Standard deviation = 5.7263

Use MATRIX>TRANSFORM>DICHOTOMIZE procedure to get binary image matrix.
Density table(s) saved as dataset Density
Standard deviations saved as dataset DensitySD
Actor-by-actor pre-image matrix saved as dataset DensityModel
```

图 5-6　网络密度测量结果

资料来源：根据法律法规网和教育部网站下载数据整理，并通过 UCINET 统计分析软件生成。

第三节　新时代高校体育政策内容存在的问题及其成因分析

一、新时代高校体育政策内容主题聚焦清晰

聚类分析和多维尺度分析表明新时代高校体育政策内容主题聚焦清晰。

由聚类分析可以得出高校体育政策内容五大类关键词聚类：第一类是保障措施，第二类是资源信息，第三类是管理评价，第四类是基础活动，第五类是项目发展。由多维尺度分析可以得出高校体育政策4个关键词词团：第一词团是综合保障区，第二词团是管理评价区，第三词团是基础活动区，第四词团是项目发展区。本研究多维尺度分析的4个词团在一定程度上大致与聚类分析的5个聚类结果吻合，表明高校体育政策内容主题清晰地聚焦在综合保障、管理评价、基础活动、项目发展几个方面。

二、高校体育政策内容缺乏体育科研、体育产业

经过对高校体育政策文本内容关键词的挖掘以及聚类分析、多维尺度分析和社会网络分析得知，体育科研、体育产业在新时代高校体育政策内容主题中没有出现或者很少，未能进入统计范围。在新时代，创新成为主旋律，高校的体育创新与体育科研、体育产业密切相关，体育科研促进创新形成产品，产品走向市场形成产业创造价值获得资金，这些资金可以为高校提供经费，也可以为体育发展提供支持，同时投入体育科研又促进创新，形成一个有助于高校以及高校体育发展的良性循环。然而，通过本研究的分析，笔者发现在高校体育政策中没有体育科研与体育产业内容，造成高校体育政策内容的严重缺失，这既浪费了高校的资源，又不利于高校体育的发展，成为新时代高校体育政策的明显短板。

三、高校体育政策内容聚少散多、存在前后矛盾现象

本研究通过UCINET统计分析软件处理有两个发现：其一是关键词网络密度值为14.7080，表明关键词之间联系程度很低，网络节点之间连接比较稀疏；其二是均方差值为5.7263，表明关键词之间大部分缺少有效联系，仅有小部分联系紧密，也就是说，整个网络存在小范围关键词聚集现象，节点间没有紧密连接，具有较低的网络离散程度。分析结果显示，离散程度低、网络密度小的情况可同时存在于关键词网络中，这反映出新时代高校体育政策内容主要聚焦在少数几个方面，而许多方面彼此之间缺少必要的联系。在一

些高校体育政策中，还存在政策内容前后矛盾的现象，如《教育部等四部门关于加快推进全国青少年冰雪运动进校园的指导意见》要求整合社会资源，统筹现有投入渠道，鼓励吸纳社会资源开展校园冰雪运动。同时，强调在开展校园冰雪运动时杜绝商业活动、商业广告。这些内容明显存在矛盾，既要整合社会资源、吸纳社会资源投入，推进冰雪运动进校园，又要杜绝商业活动、商业广告，那么社会资源的效益体现在哪里？只有投入而没有效益，社会资源又怎能坚持长久？所以，这些内容严重影响社会资源投入冰雪运动进校园的积极性。以上表明，新时代高校体育政策在内容设计方面存在偏差。

第六章

新时代高校体育政策的优化路径

第一节　强化新时代高校体育政策
主体间的协同联动机制

根据本研究对新时代高校体育政策发文主体的分析研究，将来高校体育政策应该从强化政策主体之间的协同联动性和明确政策主体权责以及信息整合、资源共享等问题出发，建构政策主体间的协同联动机制。只有破除制约政策发展的因素，健全政策主体协同联动机制，才能促使高校体育政策在推动高校体育发展过程中发挥更大作用。

一、明确高校体育政策主体权利和责任

新时代高校体育政策主体由多个国家行政部门组成，联合发布的政策虽然不多，但是参与制定的主体很多，联合发文最多的一项政策，其主体达到23个部门。联合发布政策主体容易出现政策主体权利模糊、责任不明，甚至政策出现问题时，政策主体间互相推卸责任的现象。这类情况的出现与对高校体育政策主体责任划分不清楚有直接的关系，将会影响高校体育政策实施的效果，降低高校体育政策主体工作的效率。制度落实和追溯责任的主体不明确会使得推卸责任的问题无法真正得到解决。要解决这一问题，在联合制定高校体育政策时，直接对政策主体权利和责任进行划分并确认，这是有效

的途径之一。对需要多个政策主体相互合作才能完成的高校体育工作，首先应该确定中心主体，继而由中心主体牵头协调、组织其他参加的政策主体之间的协作。对于多个部门联合发布的政策，在政策文本中确定各自权利和责任的前提下，对没有达到高校体育政策目标或者没有完成本身任务的政策主体，应按照政策文本中规定的处罚条款，追究其应承担的责任并进行处罚。此外，由于高校体育工作的持续发展，多部门合作的形式与参加要素越发复杂，对参与高校体育工作的政策主体的职责要求更加严格，所以，联合发文的政策主体在明确各自职责和任务的条件下，有必要建立过程、结果责任共担、服务共付机制，以保障政策主体之间进行有效合作。只有建立约束力较高的、长效的高校体育政策和监督保障机制，强调政策主体互相配合、协同联动，在这一系列过程中责任共担与服务共付，才能防止发生推卸责任等问题，才能提高高校体育政策主体之间的合作效果，进而保证高校体育政策的有效落实，实现政策主体合作的整体效果。

二、加强信息交流，合理利用资源

新时代是互联网大数据时代，教育资源多元化对高校体育政策主体各部门内部之间的信息融合、互联互通也是一次机遇和挑战。经过研究与分析发现，政策主体各部门相互之间缺乏交流与沟通，导致信息传达不畅，致使高校体育政策存在浪费资源的情况，限制了政策主体之间的积极协调与有效合作。之所以产生这种现象，一是因为政策主体缺乏对信息重要性的正确认识，主动沟通交流意识薄弱，存在各自为政、单打独斗现象；二是因为政策主体存在部门保护、信息阻滞现象。这里所说的信息阻滞是政策主体都有各自独立的信息系统存在，相互直接联系的信息渠道被阻断，政策主体之间的信息与数据各自独立，不能共享信息资源。各自为政、信息阻滞的状态严重影响了政策主体之间的有效合作，造成了高校体育资源的浪费。所以，抛弃各自为政、单打独斗、部门保护观念，树立合作互利思想，主动沟通交流，才能创建信息共享通道，加快高校体育政策主体之间信息、资源的整合，强化政策主体之间的对话与协商，在政策主体之间形成协调联动效应，达到高校体育政策效果的最优化。信息、资源的交流与整合是政策主体之间加强协作的行之有效的一种做法。达成信息、资源的交流共享与整合，政策主体可以协调、发挥各自的优势，防止不必要的信息与资源重复和耗损，加强信息交流，合理利用资源，使政策主体间协同联动的整体效能得到最大限度的发挥。

三、增进高校体育政策主体合作，增强主体协同联动

根据对新时代高校体育政策发文主体构成情况的调查以及对联合发文政策的统计结果，本研究发现新时代高校体育政策主体缺乏合作，政策主体彼此之间的协同性有待提高。高校体育政策的发文主体包括全国人民代表大会及其常务委员会等 35 个部门。有些政策是部门单独发布，这类政策在高校体育政策中比重较大；有些政策是多个部门联合发布，这类政策在高校体育政策中比重较小。由于高校体育政策主体较多，不同的政策主体关注的核心问题也有区别，每个政策主体掌控的政策资源不尽相同，因此，在政策制定过程中，相关政策主体之间要进行必要的磋商，增进合作，强化协同，减少对政策理解的偏差，避免因理解和认知的不同以及资源掌控的区别，使所制定的政策发生冲突，进而造成政策资源耗损，降低政策实施的效果。高校体育政策主体应增进合作，强化彼此协同联动、形成合力，将分别掌控的政策资源进行统筹整合，并予以科学配置，积极主动做好协同配合，消解因彼此间差别产生的阻力，并将其转化为实现政策目标的动力，使整体利益大于个体利益之和，发挥协同整合后的整体效能，实现相互间的高效深入合作。

第二节 优化新时代高校体育政策
"价值链—政策工具"结构以提高政策实施效果

制定高校体育政策，必将面临政策工具的选择与运用。政策工具是实现政策目标的必要方法与手段，在制定政策、落实政策的过程中具有重要作用。合理地选择与运用政策工具能够提高政策的效率，反之，政策工具运用不当

或作用得不到充分发挥，政策效果就会受到一定程度的影响，继而影响到政策目标的达成。所以，根据新时代高校体育政策在政策工具选择与运用方面的现状，应调整新时代高校体育政策的政策结构，适当减少环境型政策工具中法规管制和目标规划的使用频率，加强供给型政策工具的推动作用和需求型政策工具的拉动作用，特别强化需求型政策工具的力量。

一、降低法规管制和目标规划工具的使用频率

新时代高校体育政策文本中使用最多的是环境型政策工具，其中法规管制和目标规划是最主要的手段和方法，过多使用的现象明显，而对高校体育发展具有拉动作用的需求型政策工具明显应用不足。政策制定主体一直习惯应用法规管制、目标规划工具，以至于产生路径依赖；因为这两种政策工具具有直接、简单的特点，也因此形成了环境型政策工具的过度使用，这大大降低了环境型政策工具的效用，限制了环境型政策工具中各种工具组合效能的有效发挥。因此，政策制定主体在未来制定政策的过程中，有必要对环境型政策工具应用结构进行优化，适当降低目标规划、法规管制工具的使用频率，逐步提高金融支持政策工具的使用频率，以此激发高校体育工作的持久活力。研究结果表明，行政措施与财政投入协同配合对经济增长有一定的促进作用，而金融支持与行政措施协同配合对经济增长的促进作用显著。所以，高校体育政策制定主体需降低法规管制、目标规划工具的使用频率，逐步提高金融支持政策工具的使用频率，针对不同发展阶段建立配套的金融支持工具箱，形成多元化融资与投资渠道，满足高校体育发展的资金需求。总体来说，要提升高校体育政策效能，就应当建立形式多样、协同作用的政策工具组合机制，发挥金融支持政策工具的功能，改变环境型政策工具应用不平衡现象，这将是高校体育政策未来发展的必经之路。

二、加强需求型政策工具的牵拉作用

面对新时代高校体育政策需求型政策工具运用不足乃至缺失的现状，以后政府部门在制定高校体育政策时应重视需求型政策工具的牵拉作用，加大

需求型政策工具的应用力度。虽然公共技术采购和服务外包工具都能够对高校体育政策起到直接的牵拉作用，但是政府或组织的作用力是提高高校体育政策效能的重要手段，需求型政策工具还可以对高校、企业等参与部门起到激励作用。第一，加强政府对公共技术采购工具的运用。公共技术采购是一项重要的政策工具，在发达国家，2011 年政府采购占全部 GDP 的 15%~20%，我国政府采购占全部 GDP 的 2.4%。2017 年，我国的政府采购占全部 GDP 的 3.9%，与发达国家相比仍存在差距。公共技术采购可使那些有发展前景而市场暂时不能接受的创新成果，能够通过政府购买这种特殊市场交易形式完成创新的整个过程。第二，利用服务外包政策工具。服务外包是政府鼓励高校体育创新的一种需求型政策工具，通过专利许可贸易、技术转让、合同委托研发等方式，可以起到降低高校体育各方自主技术创新风险的作用。这样既能激发高校体育各方发展高校体育事业的热情，又能减轻政府在高校体育财政及人员配置等多方面的压力。因此，要避免政策工具应用比例失调引起的负效应，重视需求型政策工具的使用，积极发挥政策引导高校体育活动的作用，这样才能健康有序地推动高校体育工作的发展。

三、有效组合多种政策工具

新时代高校体育政策在未来的发展过程中，有效组合多种政策工具已成为必需，但是，以何种方式进行政策工具的组合，才是高校体育政策能否高效发挥效能的关键。合理有效地组合使用多种政策工具，可以提高政策工具的使用效果，促使政策工具在政策实施过程中发挥最大作用。相反，没有合理组合政策工具，则会降低政策工具在政策执行过程中的应用效果。目前，新时代高校体育政策依然有过度使用环境型政策工具、较少运用需求型政策工具、没有合理应用有效的政策工具组合等瑕疵。此类瑕疵的存在不仅会严重降低政策实施的效果，还会阻碍高校体育工作的长远发展。所以，就目前新时代高校体育政策来说，需加强供给型政策工具的推动作用和需求型政策工具的拉动作用，特别强化需求型政策工具的力量。这两种类型的政策工具都需要政府或组织加大投入，尤其是吸引社会力量投资，在政策规范的前提下，高效灵活运用各种资本，有效组合教育培训、信息支持、基础设施建设、公共服务、服务外包、公共技术采购、海外交流等政策工具，并使之高效运转起来，让这种推拉的力量配合环境型政策工具的影响形成正向合力。这样既能提高高校体育政策实施效果，又能最大限度提升高校体育工作参与各方合作的积极性，产生事半功倍的效果，极大地提高高校体育工作效率。

四、高校体育教师工作重心由体育教学向指导课余体育活动转移

目前在高校体育价值链结构中，5 种价值要素的比重配置欠佳，制度与机制要素涉及面较宽，比重最高实属正常，暂不探讨。作为支持活动的体育环境和体育教师占比高于基础活动，支持活动是为基础活动提供各种保障，目的是使基础活动获得更好的效益。新时代高校体育基础活动效益已经由一个核心指标——大学生体质健康水平拓展到心理健康和社会适应等方面。然而，我国连续 7 次的大学生体质健康调查结果显示，大学生体质健康水平持续下降。在新时代高校体育政策的数量持续增加的情况下，大学生体质健康状况却如此堪忧，其原因之一是价值链要素结构配比明显失调。体育环境会随着经济社会发展进步、资金投入等多渠道投资增加而逐步改善。体育课程所占比重最小，除了制度与机制之外比重最大的是体育教师，体育教师的主要工作重心都在体育课程教学方面，而课余体育占比本应是体育课程的 3 倍，但仅有少数教师在课余时间从事部分体育项目代表队的训练工作。可以说，多年的教学改革使高校体育课程在规范、内容、方法、手段等方面取得了显著成绩，达到了课程的目标，但与高校体育提高大学生体质健康水平的目标还相差甚远。所以，需配合政策工具运用，调整价值链要素权重，继续保持支持活动的规模，加大基础活动投入力度，转移体育教师工作重心，使其全员参加课余体育活动组织与指导，改变高校体育竞赛仅有少数学生参加的现状，让全体学生都能够参加有组织、有指导的课余体育活动，使课余体育不仅仅停留在"每天锻炼一小时"的目标规划上；适当增加法规管制、资金投入，打开高校课余体育活动市场，吸引社会力量投入高校课余体育活动，每周增加 3 次有体育教师参与组织指导的课余体育活动，切实增加大学生进行体育

活动的时间，这定会对提高大学生体质健康水平有良好效果。因此，配合政策工具选择，调整价值链结构，将教师工作重心由体育课程教学向课余体育活动转移，吸引社会力量参与，调动教师、学生、社会等多方积极性，以增加实际课余活动时间为前提、以保证课余体育活动质量为基础，才能提升高校体育活动效益，达到提高大学生体质健康水平，促进其身心健康和社会适应的目标。

第三节　增补新时代高校体育政策缺失内容、加强督查反馈工作

一、高校体育政策增补体育科研、体育产业内容

在政策内容挖掘过程中，笔者发现高校体育政策内容主题聚焦方向清晰，主要集中在综合保障、管理评价、基础活动、项目发展几个方面，政策中缺少体育产业、体育科研等方面的内容。体育产业和体育科研与创新驱动密切相关，创新驱动是新时代发展的特征，普通高校作为具有公益性质的事业型单位，应当发挥其人才、场地、综合技术等方面的优势，发展高校体育产业。但是，目前普通高校体育部门在经费方面依然靠财政拨付的体育事业经费来维持高校体育活动，很少有高校通过发展高校体育产业的方式自筹资金，促进体育事业发展。而在发达国家，政府部门制定政策支持高校体育产业发展，使其产值达到高校经费的 1/4，成为高校的支柱性产业。我国的体育产业发展目标在《国务院关于加快发展体育产业促进体育消费的若干意见》中确定为：到 2025 年，基本建立布局合理、功能完善、门类齐全的体育产业体系，体育产品和服务更加丰富，市场机制不断完善，消费需求愈加旺盛，对其他产业带动作用明显提升，体育产业总规模超过 5 万亿元，成为推动经济社会持续发展的重要力量。高校体育产业作为体育产业的一部分，具有很大的发展空间。体育科研不仅是体育科研院所的责任，也是兼备一定体育科研基础的普

通高校的责任，应发挥体育科研、创新驱动、体育产业的连锁效应，相互促进助力高校体育发展。因此，高校体育政策中应补充体育科研、体育产业内容短板，发挥政策效能，凝聚高校体育合力，实现新时代高校体育多元目标，最终为健康中国、体育强国建设贡献力量。

二、加强高校体育政策督查反馈及内容修正工作

对高校体育政策的监督检查有利于对高校体育政策内容的全面贯彻和落实，防止高校体育政策在执行中出现偏差，影响政策效能的有效发挥。加强高校体育政策监督检查及反馈工作，便于及时发现政策内容设计方面的不足，及时反馈准确的信息，利于政策内容的修正、补充以及具体实施与落实。研究发现，新时代高校体育政策在对象范围方面存在一定的局限性，有些关键性的、重要的因素没有在高校体育政策内容中得到应有的体现，如高校体育文化、高校体育公共服务等非物质因素缺失等。针对上述问题，相关部门应该采取的措施包括：第一，重视对高校体育政策内容的补充，在强调体育的体格功用的同时，注重体育在提高人的精神追求、道德品质等方面的作用；第二，在高校体育公共服务方面提高服务水平，但到目前为止，笔者搜集到的政策文本中只有3份包含学校体育场馆向社会开放的内容，而且在政策指导方面，内容比较单一，宏观性较强且缺少具体操作的细则；第三，对已经发布实行的高校体育政策要进行定期督查、评估并及时反馈，对搜集到的、具体的关于高校体育政策实施效果的信息与资料要进行科学、有效的分析，根据反馈信息和分析结果对高校体育政策相关内容进行必要的修正和补充，及时完善高校体育政策内容。

参考文献

中文文献

［1］彼得斯.政治科学中的制度理论："新制度主义"［M］.王向民，段红伟，译.
　　2版.上海：上海人民出版社，2011.

［2］白强.新时代中国高等教育改革发展的再思考［J］.铜仁学院学报，2019，
　　21（3）：40-48.

［3］贾文彤，梁丹青，郝军龙，等.高校体育改革若干政策法规的回顾与分
　　析——从改革开放后谈起［J］.河北师范大学学报（教育科学版），2009，
　　11（2）：9-11.

［4］曹盛民，解欣，于明.大学生身体素质现状调查［J］.教育与职业，2013
　　（4）：46-47.

［5］曹盛民.当前我国体育产业发展的机遇与对策［J］.商业经济研究，2016
　　（22）：198-199.

［6］陈宝生.办好中国特色社会主义教育　以优异成绩迎接党的十九大胜利召
　　开——2017年全国教育工作会议工作报告［J］.人民教育，2017（Z1）：
　　12-26.

［7］陈博.《学生伤害事故处理办法》存在的问题分析［J］.体育学刊，2004（3）：
　　9-13.

［8］陈振明.政策分析的不同模式、理论和方法论［J］.岭南学刊，1995（2）：
84-89.

［9］陈振明.是政策科学，还是政策分析？——政策研究领域的两种基本范式
［J］.政治学研究，1996（4）：80-88.

［10］陈振明.政策分析的基本因素［J］.管理与效益，1997（1）：9-10.

［11］陈振明.21世纪中国政策科学的研究方向［J］.北京行政学院学报，2000
（1）：9-10.

［12］陈振明.公共政策分析［M］.北京：中国人民大学出版社，2003.

［13］陈振明.政府工具研究与政府管理方式改进——论作为公共管理学新分支的
政府工具研究的兴起、主题和意义［J］.中国行政管理，2004（6）：43-48.

［14］陈振明，薛澜.中国公共管理理论研究的重点领域和主题［J］.中国社会科
学，2007（3）：140-152.

［15］陈振明.政府工具导论［M］.北京：北京大学出版社，2009.

［16］陈振明.中国政策科学的话语指向［J］.国家行政学院学报，2014（5）：
26-32.

［17］陈振明.政策科学与智库建设［J］.中国行政管理，2014（5）：11-15.

［18］陈振明，张敏.国内政策工具研究新进展：1998—2016［J］.江苏行政学院
学报，2017（6）：109-116.

［19］程斯辉.教育公平与国家安全［J］.湖北教育，2003（18）：46-47.

［20］戴伊.理解公共政策［M］.彭勃，等译.北京：华夏出版社，2004.

［21］丁煌，杨代福.政策工具选择的视角、研究途径与模型建构［J］.行政论坛，
2009，16（3）：21-26.

［22］丁学东.文献计量学基础［M］.北京：北京大学出版社，1993.

［23］樊霞，吴进，任畅翔.基于共词分析的我国产学研研究的发展态势［J］.科
研管理，2013，34（9）：11-18.

［24］范富格特.国际高等教育政策比较研究［M］.王承绪，等译.杭州：浙江教
育出版社，2001.

［25］彼得斯，冯尼斯潘.公共政策工具：对公共管理工具的评价［M］.顾建光，

译.北京：中国人民大学出版社，2006.

[26] 葛彦菲.基于社会网络分析的涉农微博交流特性研究——以新浪"农业行业"微群为例［D］.南京：南京农业大学，2012.

[27] 顾洪涛.我国高校图书馆研究热点探析：基于CNKI期刊论文关键词的共词分析［D］.大连：辽宁师范大学，2014.

[28] 郭雯.设计服务业创新政策的国内外比较及启示［J］.科研管理，2010，31（5）：124-130.

[29] 韩真.基于共词分析的主题类型划分方法比较研究［J］.图书馆，2009（2）：46-47.

[30] 郝大伟，崔建军，刘春华，等.基于政策工具视角下的中国体育产业政策分析［J］.武汉体育学院学报，2014，48（9）：55-60.

[31] 何声升.高校科技创新绩效影响因素分位研究——创新价值链理论视角［J］.高校教育管理，2020，14（5）：104-114.

[32] 何晓美，贾文彤.我国学校体育政策发展的初步探析［J］.当代体育科技，2014，4（8）：95-96.

[33] 河连燮.制度分析：理论与争议［M］.李秀峰，柴宝勇，译.2版.北京：中国人民大学出版社，2014.

[34] 胡雅静，柳鸣毅，闫亚茹，等.发达国家青少年体育公共服务体系研究［J］.体育科学，2019，39（12）：25-33.

[35] 胡耀宗，马立超.基于系统分析的教育政策工具配置模型构建［J］.现代教育管理，2021（2）：48-54.

[36] 户瑾.中国政策工具选择研究［D］.太原：山西大学，2012.

[37] 黄炳超，黄明东.价值链理论视角下应用型高校内涵式发展的内在机理探析［J］.现代教育管理，2020（2）：71-77.

[38] 黄红华.政策工具理论的兴起及其在中国的发展［J］.社会科学，2010（4）：13-19.

[39] 吉亚力，田文静，董颖.基于关键词共现和社会网络分析法的我国智库热点主题研究［J］.情报科学，2015，33（3）：108-111.

［40］季浏，马德浩.改革开放40年我国学校体育发展回顾与前瞻［J］.体育学研究，2018，1（5）：1-11.

［41］蒋吉.改革开放三十年高校体育制度变迁研究［J］.文体用品与科技，2011（7）：106-107.

［42］蒋颖.人文社会科学领域文献计量学研究［M］.北京：社会科学文献出版社，2013.

［43］金慧侠.以"阳光体育运动"为例对高校体育政策执行阻滞问题调查研究［J］.科技展望，2016，26（36）：354.

［44］金世斌.改革开放以来我国体育政策演进与价值嬗变［J］.体育与科学，2013，34（1）：36-41.

［45］孔德意.我国科普政策研究——基于政策文本分析［D］.沈阳：东北大学，2015.

［46］萨拉蒙.政府工具：新治理指南［M］.肖娜，等译.北京：北京大学出版社，2016.

［47］刁田丁，兰秉洁，冯静.政策学［M］.北京：中国统计出版社，2000.

［48］劳凯声，刘复兴.论教育政策的价值基础［J］.北京师范大学学报（人文社会科学版），2000（6）：5-17.

［49］李建军，武玉坤，姜国兵.公共政策学［M］.广州：华南理工大学出版社，2009.

［50］李娟，陈宝，郭宝科，等.政策学视域下我国大学体育政策现状与问题的研究［J］.四川体育科学，2016，35（5）：1-4.

［51］李星星.学术虚拟社区成员关系社会网络研究——以"科学网"为例［D］.武汉：华中师范大学，2013.

［52］李娅玲.21世纪西方教育政策研究的后现代特征——以美国 *Educational Policy*（2002—2008年）为样本［J］.中国高教研究，2009（7）：46-48.

［53］李屹松.政策协同视角下公共体育服务政策优化路径研究［J］.北京体育大学学报，2019，42（7）：74-84.

［54］李长安.努力化解新时代高等教育发展的主要矛盾［J］.山东高等教育，

2018，6（1）：7-8.

[55] 刘复兴．教育政策的边界与价值向度［J］．清华大学教育研究，2002（1）：70-77.

[56] 刘复兴．我国教育政策的公平性与公平机制［J］．教育研究，2002（10）：45-50.

[57] 刘复兴．教育政策的价值系统［J］．清华大学教育研究，2003（2）：6-13.

[58] 刘复兴．论我国教育政策范式的转变［J］．北京师范大学学报（社会科学版），2004（3）：15-19.

[59] 刘海元．"学生每天锻炼一小时"的沿革和落实思考［J］．体育学刊，2010，17（4）：40-44.

[60] 刘琨．全民健身与体育产业协同发展的现实困境与政策选择［J］．西安体育学院学报，2020，37（4）：465-469.

[61] 刘伟言，赵晓莉．我国高校发展体育产业的必要性及策略［J］．陕西教育（高教），2018（8）：37-38.

[62] 刘彦林．我国教育政策评价研究现状分析［J］．教育评论，2021（2）：58-65.

[63] 林聚任．社会网络分析：理论、方法与应用［M］．北京：北京师范大学出版社，2009.

[64] 刘作翔．体育法治若干基础理论问题研究［J］．天津体育学院学报，2020，35（3）：249-254.

[65] 柳鸣毅，胡雅静，孔年欣，等．新时代中国青少年体育培训产业政策机遇与治理策略［J］．天津体育学院学报，2021，36（1）：12-19.

[66] 罗敦雄．"阳光体育"的公共政策性质及其现实意义［J］．吉林广播电视大学学报，2014（1）：69-70.

[67] 罗红雨．价值链成本控制研究［M］．北京：中国经济出版社，2013.

[68] 罗敏，朱雪忠．基于共词分析的我国低碳政策构成研究［J］．管理学报，2014，11（11）：1680-1685.

[69] 罗润东，徐丹丹．我国政治经济学研究领域前沿动态追踪——对2000年以

来 CNKI 数据库的文献计量分析［J］.经济学动态，2015（1）：86-95.

［70］罗若愚，范利君.2006—2014 年我国创新政策制定主体协同问题研究［J］.中州学刊，2016（12）：28-32.

［71］吕志奎.公共政策工具的选择——政策执行研究的新视角［J］.太平洋学报，2006（6）：7-16.

［72］马宏俊.政府体育公共服务体系法律规制研究［J］.体育科学，2013，33（1）：3-9.

［73］马宏俊，袁钢.《中华人民共和国体育法》修订基本理论研究［J］.体育科学，2015，35（10）：66-73.

［74］马骏.交易费用政治学：现状与前景［J］.经济研究，2003（1）：80-87.

［75］马骏，侯一麟.中国省级预算中的非正式制度：一个交易费用理论框架［J］.经济研究，2004（10）：14-23.

［76］豪利特，拉米什.公共政策研究：政策循环与政策子系统［M］.庞诗，等译.北京：生活·读书·新知三联书店，2006.

［77］休斯.公共管理导论［M］.彭和平，周明德，金竹青，等译.2 版.北京：中国人民大学出版社，2001.

［78］齐朝勇.我国高校体育产业发展现状及其特征研究［J］.经济研究导刊，2017（19）：23-24.

［79］祁型雨，李春光.我国教育政策价值的反思与前瞻［J］.现代教育管理，2020（3）：29-35.

［80］丘昌泰.公共政策（基础篇）［M］.3 版.中国台北：巨流图书股份有限公司，2008.

［81］史万兵.教育行政管理［M］.北京：教育科学出版社，2005.

［82］苏竣.公共科技政策导论［M］.北京：科学出版社，2014.

［83］孙成林，王健，高嵩.新中国学校体育设施政策发展研究［J］.北京体育大学学报，2014，37（5）：36-43.

［84］孙海云.政府在物流产业发展中的作用研究——基于政策工具视角的分析［D］.济南：山东大学，2018.

［85］孙绵涛.关于教育政策内容分析的探讨——以中国1978年后教育体制改革政策内容的分析为例［J］.教育研究与实验，2007（3）：39-45.

［86］孙绵涛.专业化教育政策分析探讨［J］.教育研究，2017，38（12）：22-28.

［87］孙绵涛，冯宏岩.教育政策研究范式及其方法论探析［J］.现代教育管理，2020（2）：17-24.

［88］谭华.体育史［M］.北京：高等教育出版社，2005.

［89］陶学荣.公共政策学［M］.大连：东北财经大学出版社，2006.

［90］田翠兰，胡旭忠.高校体育政策法规执行偏差及归因分析［J］.吉林体育学院学报，2016，32（4）：84-88.

［91］王洪江.政策科学视野中的新型城镇化：目标、网络及其工具选择［D］.武汉：华中师范大学，2017.

［92］王科飞，张丽.我国公共体育服务支援政策梳理与制度构建［J］.浙江体育科学，2019，41（6）：1-5.

［93］王斯琪.2000—2014年我国体育旅游文献计量研究［D］.北京：北京体育大学，2016.

［94］王伟光，张钟元，侯军利.创新价值链及其结构：一个理论框架［J］.科技进步与对策，2019，36（1）：36-43.

［95］王佑镁，陈慧斌.近十年我国电子书包研究热点与发展趋势——基于共词矩阵的知识图谱分析［J］.中国电化教育，2014（5）：4-10.

［96］吴进.基于文本分析的我国产业共性技术创新政策研究［D］.广州：华南理工大学，2013.

［97］吴元其，周业柱，储亚萍，等.公共政策新论［M］.合肥：安徽大学出版社，2009.

［98］肖荣华，袁峰.新时代迈向体育强国的征程——理解党的"十九大"报告精神意涵［J］.广州体育学院学报，2021，41（1）：13-17，.

［99］徐成立，张宝雷，张月蕾，等.中国体育产业政策文本研究——基于政策工具和创新价值链双重视角［J］.中国体育科技，2021，57（3）：58-66.

［100］徐丰．浅谈我国高校体育产业开发现状及措施［J］．经济研究导刊，2017（31）：59-60.

［101］徐镭，朱宇方．政策工具的制度属性——以德国住房投资模式为例［J］．经济社会体制比较，2013（4）：83-93.

［102］薛二勇，李健．新时代教育规划的形势、挑战与任务［J］．中国教育学刊，2021（3）：19-24.

［103］薛誉．滞后与完善：对《学校体育工作条例》的审视［J］．西安体育学院学报，2014，31（6）：662-665.

［104］杨洪刚．中国环境政策工具的实施效果与优化选择［M］．上海：复旦大学出版社，2011.

［105］杨金田，赵越强，贾文彤．从倡导联盟框架理论看我国体育产业政策变迁［J］．经济与管理，2020，34（5）：88-92.

［106］杨志军，耿旭，王若雪．环境治理政策的工具偏好与路径优化——基于43个政策文本的内容分析［J］．东北大学学报（社会科学版），2017，19（3）：276-283.

［107］尹军彩．计划生育工作中政策工具的选择与优化研究［D］．长沙：湖南大学，2011.

［108］英格兰姆，史密斯．新公共政策：民主制度下的公共政策［M］．钟振明，朱涛，译．上海：上海交通大学出版社，2005.

［109］加菲尔德．引文索引法的理论及应用［M］．侯汉清，等译．北京：北京图书馆出版社，2004.

［110］于善旭．《中华人民共和国体育法》的颁行成效与完善方策［J］．体育科学，2015，35（9）：3-10.

［111］袁园，孙霄凌，朱庆华．微博用户关注兴趣的社会网络分析［J］．现代图书情报技术，2012（2）：68-75.

［112］袁振国．深化教育政策研究 加强两种文化交流［J］．中国教育政策评论，2001（0）：7-16.

［113］詹勤彬．从党的历程看中国特色社会主义进入新时代［J］．学理论，2021

（3）：7-9.

［114］战建华.公共政策学［M］.济南：山东人民出版社，2011.

［115］湛中林.交易成本视角下政策工具的选择与创新［J］.江苏行政学院学报，2015（5）·100-105.

［116］张成福，党秀云.公共管理学［M］.北京：中国人民大学出版社，2001

［117］张浩.高校高水平运动队发展路径选择的研究［D］.北京：北京体育大学，2008.

［118］张健，孙麒麟.新世纪我国高校竞技体育发展面临的机遇［J］.北京体育大学学报，2008，31（1）：122-124.

［119］张经纬.辽宁省产学研合作政策研究（1985—2015）——基于政策文本分析［D］.沈阳：东北大学，2017.

［120］张俊.基于史密斯模型的学生体质健康政策执行研究——以福州市大学城高校为例［D］.福州：福建师范大学，2018.

［121］张文鹏.中国学校体育政策的发展与改革研究［D］.武汉：华中师范大学，2015.

［122］张侠，许启发.新时代中国省域经济高质量发展测度分析［J］.经济问题，2021（3）：16-25.

［123］张占营.《全国普通高等学校体育课程教学指导纲要》实施以来高校体育政策执行过程研究［D］.天津：天津体育学院，2020.

［124］赵智兴，段鑫星.从规模扩张、质量提升到内涵式发展——近二十年国家高等教育政策导向的转变与反思［J］.教育学术月刊，2019（7）：29-40.

［125］郑小凤，刘新民.我国教育变革时期高校体育教师职业发展政策制度探析［J］.西安体育学院学报，2020，37（4）：497-504.

［126］郑玉飞.论教育政策的柔性执行［J］.教育发展研究，2021，41（1）：64-71.

［127］郑志强，郑娟.中国校园足球政策工具分析［J］.武汉体育学院学报，2016，50（4）：5-11.

［128］周黎安.中国地方官员的晋升锦标赛模式研究［J］.经济研究，2007（7）：

36-50.

［129］朱二刚，陈晓宏，武展 . 高校体育政策执行偏差的表现、原因与纠正策略 ［J］. 石家庄学院学报，2019，21（6）：38-43.

［130］朱乔 . 提升我国校园足球政策执行力的路径研究 ［J］. 南京体育学院学报，2018，1（11）：36-40.

［131］朱维宁 . 论体育在新时代我国现代化建设中的地位和作用 ［J］. 南京体育学院学报（社会科学版），2017，31（5）：6-10.

［132］朱亚丽 . "六度分离" 假说的信息学意义 ［J］. 图书情报工作，2005，49（6）：59-61.

英文文献

［1］HOOD C. The tools of government ［M］. London：Macmillan，1983.

［2］SIMS C L. Local variation in policy implementation：the case of standards-based education reform［D］. University of Colorado at Denver，1999.

［3］DANIEL T，LAUREL T. History of the school curriculum［M］. New York：Macmillan Publishing Company，1990.

［4］DAWN P，JOHN E. Politics，policy and practice in physical education ［M］. London：Routledge，1999.

［5］DUN W. Public policy analysis:an introduction ［M］. 2nd ed. New Jersey：Prentice Hall，1981.

［6］EASTON D. The political system ［M］. New York：Knopf，1953.

［7］JEANENE O B. 13 ways of looking at a blackbird：politics，policy，and power of technology in no child left behind［D］. Stillwater：Oklahoma State University，2004.

［8］KIM M S，CARDINAL B. Motivation difference between compulsory courses and optional courses in physical education policy for college students ［J］. Journal of American College Health，2018，67（3）：207-214.

［9］LASSWELL H D, KAPLAN A. Power and society: a framework for political inquiry ［M］. New Haven: Yale University Press, 1970.

［10］LU X L, WU C Y, DONOHOE H. Conceptualizing ecotourism from a distinct approach by using content analysis ［J］. Acta Ecologica Sinica, 2006, 26（4）: 1213-1220.

［11］MICHAEL A. Ideology and curriculum ［M］. 2nd ed. New York: Routledge, 1990.

［12］MICK G, BARRIE H. Elite sport development: policy learning and political priorities ［M］. London: Routledge, 2005.

［13］NEIL M. Policy communities, issue networks and the formulation of australian higher education policy［J］. Higher Education, 1995, 30（3）: 273-293.

［14］CATHERINE P. Thinking beyond the binary: barriers to transgender participation in college sports［J］. International Review for the Sociology of Sport,2019,56(1): 81-96.

［15］QIN H. Knowledge discovery through co-word analysis ［J］. Library Trends, 1999, 48（1）: 133-159.

［16］RICHARD P. Sports law and policy in european union ［M］. Manchester: Manchester University Press, 2003.

［17］SOLER S, PRAT M, PUIG N, et al. Implementing gender equity policies in a university sport organization: competing discourses from enthusiasm to resistance ［J］. Quest, 2017, 69（2）: 276-289.

［18］WIMMER R D, DOMINICK J R. Mass media research: an introduction［M］.7th ed. Belmont: Wadsworth Publishing, 2003.

新中国高校体育政策文本目录（1949—2020 年）

序号	信息名称	发文机构	生成日期	发文字号
1	政务院关于改善各级学校学生健康状况的决定	中央人民政府政务院	1951/7/13	政务院第九十三次政务会议通过
2	关于正确发展学校体育运动、防止伤害事故的联合指示	中央体委、高等教育部、教育部	1953/10/14	N/A
3	关于在中等以上学校中开展群众性体育运动的联合指示	中央体委、高等教育部、教育部、卫生部、青年团中央、全国学联	1954/5/4	N/A
4	关于高等院校一、二年级体育课不能改为选修课的通知	高等教育部	1957/5/21	〔57〕教指曾字第 69 号
5	高等教育部关于高等学校体育教师晋升教授、副教授的通知	高等教育部	1957/8/16	〔57〕干载字第 195 号
6	劳动与卫国体育制度	国务院、国家体委	1958/10/20	N/A
7	关于在各级学校中大搞爱国卫生运动和加强体育运动的通知	教育部、卫生部	1960/4/6	N/A
8	教育部直属高等学校暂行工作条例（草案）	教育部	1961/9/15	N/A

序号	信息名称	发文机构	生成日期	发文字号
9	关于减轻高等学校学生负担、促进学生德智体全面发展问题的报告	高等教育部党委	1964/11/10	N/A
10	关于增进高等学校学生健康，实行劳逸结合的若干规定	高等教育部	1964/11/10	N/A
11	国家体育锻炼标准条例	国务院	1975/3/26	N/A
12	关于加强学校体育、卫生工作的通知	教育部、国家体委、卫生部	1978/4/14	N/A
13	教育部、国家体委、卫生部、共青团中央关于贯彻全国学校体育、卫生工作经验交流会议纪要精神的联合通知	教育部、国家体委、卫生部、共青团中央	1979/9/25	N/A
14	关于做好新《国家体育锻炼标准》推行工作的联合通知	国家体委、教育部、卫生部、总参谋部、中华全国总工会、共青团中央、全国妇联	1982/8/18	〔82〕体群字 89 号
15	国家体育锻炼标准	国家体委	1982/8/27	N/A
16	关于进一步发展体育运动的通知	中共中央	1984/10/5	中发〔1984〕20 号
17	关于教育体制改革的决定	中共中央	1985/5/27	N/A
18	全国培养高水平学生运动员试点学校申报审批暂行办法	国家教育委员会	1986/4/17	〔86〕教体字 007 号
19	关于《全国培养高水平学生运动员试点学校申报审批暂行办法》的补充规定的通知	国家教育委员会	1986/11/15	〔86〕教体字 016 号
20	国家教委关于部分普通高等学校试行招收高水平运动员工作的通知	国家教育委员会	1987/4/9	〔87〕教学字 008 号
21	关于试点高校培养高水平运动员的管理办法（试行）	国家教育委员会	1987/7/30	〔87〕教体厅字 012 号
22	国家教委办公厅关于严格管理全国大学生体育竞赛的通知	国家教委办公厅	1989/10/13	〔89〕教体厅字 012 号
23	高等学校学生行为准则（试行）	国家教育委员会	1989/11/17	〔89〕教政字 003 号

续表

序号	信息名称	发文机构	生成日期	发文字号
24	国家教委关于印发《大学生体育合格标准》及《大学生体育合格标准实施办法》的通知	国家教育委员会	1990/10/11	教体〔1990〕015 号
25	学校体育工作条例	国家教育委员会	1990/3/12	国家教育委员会令第 8 号
26	国家教委关于印发《大学生体育合格标准》及《大学生体育合格标准实施办法》的通知	国家教育委员会	1990/10/11	教体〔1990〕015 号
27	普通高等学校教育评估暂行规定	国家教育委员会	1990/10/31	国家教育委员会令第 14 号
28	教师和教育工作者奖励暂行规定	国家教育委员会	1992/10/26	国家教育委员会令第 23 号
29	中华人民共和国教师法	全国人民代表大会常务委员会	1993/10/31	中华人民共和国主席令第 15 号
30	国务院关于贯彻实施《中华人民共和国教师法》若干问题的通知	国务院	1993/11/21	国发〔1993〕81 号
31	国家教委关于印发《关于加强普通高等学校教学工作的意见》的通知	国家教育委员会	1994/6/10	教高〔1994〕10 号
32	中华人民共和国教育法	全国人民代表大会常务委员会	1995/3/18	中华人民共和国主席令第 45 号
33	关于在普通高等学校中开展贯彻《学校体育工作条例》选优评估工作的通知	国家教育委员会	1995/4/13	教体〔1995〕7 号
34	全民健身计划纲要	国务院	1995/6/20	N/A
35	中华人民共和国体育法	全国人民代表大会	1995/8/29	中华人民共和国主席令第 55 号
36	教师资格条例	国务院	1995/12/12	国务院令第 188 号
37	高等学校教师培训工作规程	国家教育委员会	1996/4/8	教人〔1996〕92 号

续表

序号	信息名称	发文机构	生成日期	发文字号
38	关于印发《全国学生体育竞赛管理规定》的通知	国家教育委员会	1997/11/28	教体〔1997〕9号
39	教师和教育工作者奖励规定	国家教育委员会	1998/1/8	教人〔1998〕1号
40	教育行政处罚暂行实施办法	国家教育委员会	1998/3/6	国家教育委员会令第27号
41	国家教委办公厅关于对全国培养体育后备人才试点中学和培养高水平学生运动员试点大学进行检查评估的通知	国家教委办公厅	1998/3/20	教体厅〔1998〕4号
42	关于加强大学生文化素质教育的若干意见	教育部	1998/4/10	教高司〔1998〕2号
43	中华人民共和国高等教育法	全国人民代表大会常务委员会	1998/8/29	中华人民共和国主席令（九届第7号）
44	中共中央国务院关于深化教育改革全面推进素质教育的决定	中共中央办公厅	1999/6/13	中发〔1999〕9号
45	教育部关于学习贯彻全国教育工作会议精神和《中共中央国务院关于深化教育改革全面推进素质教育的决定》的通知	教育部	1999/6/22	教究〔1999〕2号
46	教育部办公厅关于批准部分普通高等学校为培养高水平运动员试点单位的通知	教育部办公厅	2000/5/31	教学厅〔2000〕8号
47	《教师资格条例》实施办法	教育部	2000/9/23	教育部令第10号
48	学生伤害事故处理办法	教育部	2002/6/25	教育部令第12号
49	教育部、国家体育总局关于印发《学生体质健康标准（试行方案）》及《〈学生体质健康标准（试行方案）〉实施办法》的通知	教育部、国家体育总局	2002/7/4	教体艺〔2002〕12号
50	关于印发《全国普通高等学校体育课程教学指导纲要》的通知	教育部	2002/6/21	教体艺〔2002〕13号

续表

序号	信息名称	发文机构	生成日期	发文字号
51	关于印发"贯彻实施《学生体质健康标准》工作研讨会议纪要"的函	教育部体育卫生与艺术教育司	2004/6/7	教体艺司函〔2004〕41 号
52	教育部办公厅关于征集第九届全国中学生运动会科学论文报告会暨第三届中国学校体育科学大会论文的通知	教育部办公厅	2004/7/7	教体艺厅〔2004〕25 号
53	教育部办公厅关于印发关于印发《普通高等学校体育场馆设施、器材配备目录》的通知	教育部办公厅	2004/8/22	教体艺厅〔2004〕6 号
54	《普通高等学校体育场馆设施、器材配备目录》说明	教育部办公厅	2004/8/22	教体艺厅〔2004〕6 号
55	普通高等学校体育场馆设施配备目录	教育部办公厅	2004/8/22	教体艺厅〔2004〕6 号
56	普通高等学校体育场地基本要求及体育器材配备目录	教育部办公厅	2004/8/22	教体艺厅〔2004〕6 号
57	关于做好 2005 年普通高等学校招收高水平运动员工作的通知	教育部办公厅	2004/11/15	教学厅〔2004〕20 号
58	教育部 共青团中央关于加强和改进高等学校校园文化建设的意见	教育部、共青团中央	2004/12/20	教社政〔2004〕16 号
59	教育部关于印发《关于进一步加强高等学校本科教学工作的若干意见》和周济部长在第二次全国普通高等学校本科教学工作会议上的讲话的通知	教育部	2005/1/7	教高〔2005〕1 号
60	教育部 卫生部 共青团中央关于进一步加强和改进大学生心理健康教育的意见	教育部、卫生部、共青团中央	2005/1/12	教社政〔2005〕1 号
61	关于印发 2005 年招收高水平运动员学校名单及进一步加强招生工作管理的通知	教育部办公厅	2005/1/25	教学厅〔2005〕2 号
62	普通高等学校学生管理规定	教育部	2005/3/25	教育部令第 21 号
63	关于印发《高等学校学生行为准则》的通知	教育部	2005/3/25	教学〔2005〕5 号

续表

序号	信息名称	发文机构	生成日期	发文字号
64	关于进一步严格和规范2005年普通高校招收高水平运动员工作管理的紧急通知	教育部	2005/4/13	教学厅〔2005〕5号
65	教育部 国家体育总局关于进一步加强普通高等学校高水平运动队建设的意见	教育部、国家体育总局	2005/4/18	教体艺〔2005〕3号
66	教育部关于公布北京化工大学等54所高等学校本科教学工作评估结论的通知	教育部	2005/4/21	教高函〔2005〕13号
67	教育部关于进一步加强高等学校体育工作的意见	教育部	2005/4/25	教体艺〔2005〕4号
68	教育部办公厅关于报送2005年《学生体质健康标准》测试数据的通知	教育部办公厅	2005/5/17	教体艺厅函〔2005〕13号
69	教育部关于2005年组织开展普通高等学校高水平运动队建设评估工作的通知	教育部	2005/6/14	教体艺函〔2005〕5号
70	教育部关于加强学校体育活动安全防范工作的紧急通知	教育部	2005/11/17	教体艺〔2005〕12号
71	教育部办公厅关于公布全国普通高等学校高水平运动队建设综合评估结果的通知	教育部办公厅	2005/12/14	教体艺厅〔2005〕8号
72	教育部 国家体育总局 共青团中央关于举办中华人民共和国第八届大学生运动会的通知	教育部、国家体育总局、共青团中央	2006/4/20	教体艺〔2006〕2号
73	关于举办第八届全国大学生运动会科学论文报告会的通知	教育部办公厅、国家体育总局办公厅	2006/6/23	教体艺厅函〔2006〕19号
74	关于2006年《学生体质健康标准》数据报送工作延期的通知	教育部体育卫生与艺术教育司	2006/8/30	N/A
75	关于开展"奥运文化进校园"宣传活动的通知	教育部体育卫生与艺术教育司、国家体育总局群体司	2006/10/10	教体艺司函〔2006〕46号
76	关于印发《全国学校体育场馆向社会开放试点区工作会议纪要》的通知	国家体育总局办公厅、教育部办公厅	2006/10/24	体群字〔2006〕178号

序号	信息名称	发文机构	生成日期	发文字号
77	关于征集第八届全国大学生运动会科学论文报告会论文的通知	教育部体育艺术与卫生教育司	2006/11/15	教体艺司函〔2006〕53 号
78	关于举办 2007 年全国《学生体质健康标准》数据管理中心工作会议的通知	教育部体育卫生与艺术教育司	2006/12/8	N/A
79	关于 2007 年调整部分普通高等学校高水平运动队设项的通知	教育部体育卫生与艺术教育司	2006/12/20	教体艺司函〔2006〕63 号
80	教育部 国家体育总局关于进一步加强学校体育工作切实提高学生健康素质的意见	教育部、国家体育总局	2006/12/20	教体艺〔2006〕5 号
81	教育部 国家体育总局 共青团中央关于开展全国亿万学生阳光体育运动的通知	教育部、国家体育总局、共青团中央	2006/12/20	教体艺〔2006〕6 号
82	教育部 财政部关于实施"高等学校本科教学教学质量与教学改革工程"的意见	教育部、财政部	2007/1/22	教高〔2007〕1 号
83	教育部关于进一步深化本科教学改革全面提高教学质量的若干意见	教育部	2007/2/17	教高〔2007〕2 号
84	关于《系列校园青春健身操》推广工作的通知	教育部体育卫生与艺术教育司	2007/3/7	教体艺司函〔2007〕9 号
85	教育部 国家体育总局关于实施《国家学生体质健康标准》的通知	教育部、国家体育总局	2007/4/4	教体艺〔2007〕8 号
86	教育部办公厅 国家体育总局办公厅 共青团中央办公厅关于成立"全国亿万学生阳光体育运动领导小组"的通知	教育部办公厅、国家体育总局办公厅、共青团中央办公厅	2007/4/30	教体艺厅函〔2007〕14 号
87	中共中央 国务院关于加强青少年体育增强青少年体质的意见	中共中央、国务院	2007/5/7	中发〔2007〕7 号
88	教育部办公厅关于请各地报送学校体育工作及"阳光体育运动"开展情况的通知	教育部办公厅	2007/6/5	教体艺厅函〔2007〕17 号
89	教育部办公厅关于开展第八届大学生运动会"校长杯"奖评选工作的通知	教育部办公厅	2007/7/5	教体艺厅函〔2007〕18 号

序号	信息名称	发文机构	生成日期	发文字号
90	教育部、财政部关于印发《高等学校本科教学质量与教学改革工程项目管理暂行办法》的通知	教育部、财政部	2007/7/13	教高〔2007〕14号
91	教育部办公厅关于教育部直属高等学校实施《国家学生体质健康标准》的通知	教育部办公厅	2007/8/27	教体艺厅函〔2007〕24号
92	教育部办公厅关于在新学年贯彻落实中央7号文件精神切实加强学校体育工作的通知	教育部办公厅	2007/8/28	教体艺厅函〔2007〕25号
93	教育部办公厅 国家体育总局办公厅 共青团中央办公厅推广传唱《阳光体育之歌》的通知	教育部办公厅、国家体育总局办公厅、共青团中央办公厅	2007/9/29	教体艺厅函〔2007〕30号
94	关于开展2008年国家级体育传统项目学校评定工作的通知	国家体育总局、教育部	2008/2/15	体群字〔2008〕23号
95	教育部关于印发刘延东国务委员、周济部长在迎奥运全国亿万学生阳光体育运动推进会上讲话的通知	教育部	2008/7/4	教体艺〔2008〕6号
96	教育部 国家体育总局 共青团中央关于开展第二届全国亿万学生阳光体育冬季长跑活动的通知	教育部、国家体育总局、共青团中央	2008/9/22	教体艺〔2008〕10号
97	全民健身计划条例	国务院	2009/8/30	国务院令第560号
98	关于表彰2008年《国家学生体质健康标准》测试数据上报工作先进单位的决定	教育部体育卫生与艺术教育司	2009/10/19	N/A
99	全国高等学校体育教学指导委员会关于推荐2010年度国家精品课程有关事项的通知	全国高等学校体育教学指导委员会	2010/2/24	N/A
100	国家中长期教育改革和发展规划纲要（2010—2020年）	国家中长期教育改革和发展规划纲要工作小组办公室	2010/7/29	N/A
101	关于通报表扬2009年《国家学生体质健康标准》测试数据上报工作先进单位的决定	教育部体育卫生与艺术教育司	2010/10/28	N/A

续表

序号	信息名称	发文机构	生成日期	发文字号
102	教育部办公厅 国家体育总局办公厅 共青团中央办公厅关于开展第四届全国亿万学生阳光体育冬季长跑活动的通知	教育部办公厅、国家体育总局办公厅、共青团中央办公厅	2010/11/1	教体艺厅函〔2010〕42号
103	教育部关于举办心手相连、健康成长——2011 年全国学生阳光体育展示活动的通知	教育部	2011/4/18	教体艺函〔2011〕3 号
104	教育部办公厅关于开展第九届全国大学生运动会"校长杯"评选工作的通知	教育部办公厅	2012/6/20	教体艺厅函〔2012〕18 号
105	国务院办公厅转发教育部等部门关于进一步加强学校体育工作若干意见的通知	国务院办公厅	2012/10/22	国办发〔2012〕53 号
106	《中小学学校体育工作等级评估指标体系》《普通高等学校体育工作基本标准》（征求意见稿）公开征求意见的公告	教育部	2013/5/16	N/A
107	关于总结近三年学生体质健康变化趋势工作的通知	教育部体育卫生与艺术教育司	2014/2/17	N/A
108	教育部办公厅 财政部办公厅关于做好 2014、2015 年高等学校本科教学改革与教学质量工程工作的指导意见	教育部办公厅、财政部办公厅	2014/5/7	教高厅〔2014〕2 号
109	教育部关于印发《高等学校体育工作基本标准》的通知	教育部	2014/6/12	教体艺〔2014〕4 号
110	国家学生体质健康标准（2014年修订）	教育部	2014/7/7	教体艺〔2014〕5 号
111	教育部关于印发《国家学生体质健康标准（2014 年修订）》的通知	教育部	2014/7/7	教体艺〔2014〕5 号
112	教育部关于成立全国青少年校园足球工作领导小组的通知	教育部	2015/1/12	教体艺函〔2015〕1 号
113	国务院办公厅关于印发中国足球改革发展总体方案的通知	国务院办公厅	2015/3/8	国办发〔2015〕11 号
114	2015 年度学校体育艺术教育工作专题研讨班计划	教育部办公厅	2015/4/10	教体艺厅函〔2015〕13 号

序号	信息名称	发文机构	生成日期	发文字号
115	承担《国家学生体质健康标准》抽查复核任务的高校名单	教育部办公厅	2015/4/10	教体艺厅函〔2015〕13号
116	教育部办公厅关于举办2015年度学校体育艺术教育工作专题研讨班的通知	教育部办公厅	2015/4/10	教体艺厅函〔2015〕13号
117	教育部关于印发《学校体育运动风险防控暂行办法》的通知	教育部	2015/5/15	教体艺〔2015〕3号
118	高等学校体育工作调查研究问卷	教育部办公厅	2015/6/18	教体艺厅函〔2015〕28号
119	高等学校高水平运动队建设信息表	教育部办公厅	2015/6/18	教体艺厅函〔2015〕28号
120	教育部办公厅关于组织开展《高等学校体育工作基本标准》实施情况专项调研的通知	教育部办公厅	2015/6/18	教体艺厅函〔2015〕28号
121	教育部等6部门关于加快发展青少年校园足球的实施意见	教育部、国家发展改革委、财政部、新闻出版广电总局、国家体育总局、共青团中央	2015/7/27	教体艺〔2015〕6号
122	中华人民共和国教育法（2015）	全国人民代表大会常务委员会	2015/12/27	中华人民共和国主席令第39号
123	中华人民共和国高等教育法（2015年修正）	全国人民代表大会常务委员会	2015/12/27	N/A
124	国务院办公厅关于强化学校体育促进学生身心健康全面发展的意见	国务院办公厅	2016/4/21	国办发〔2016〕27号
125	教育部办公厅关于组织开展加快发展青少年校园足球重点督察工作的通知	教育部办公厅	2016/4/28	教体艺厅函〔2016〕7号
126	教育部办公厅关于举办2016年度学校体育艺术教育工作专题研讨班的通知	教育部办公厅	2016/5/20	教体艺厅函〔2016〕12号

序号	信息名称	发文机构	生成日期	发文字号
127	教育部办公厅关于组织开展《高等学校体育工作基本标准》实施情况专项调研的通知	教育部办公厅	2016/5/17	教体艺厅函〔2016〕11 号
128	国务院关于印发全民健身计划（2016—2020 年）的通知	国务院	2016/6/15	国发〔2016〕37 号
129	教育部关于组成新一届全国高等学校体育教学指导委员会（2016—2020 年）的通知	教育部	2016/7/8	教体艺函〔2016〕2 号
130	全国高等学校体育教学指导委员会（2016—2020 年）组成人员名单	教育部	2016/7/8	教体艺函〔2016〕2 号
131	教育部办公厅关于校园篮球推进试点工作的通知	教育部办公厅	2016/8/11	教体艺厅函〔2016〕31 号
132	教育部关于深化高校教师考核评价制度改革的指导意见	教育部	2016/8/25	教师〔2016〕7 号
133	体育总局 国家发展改革委教育部 国家旅游局关于印发《冰雪运动发展规划(2016—2025 年)》的通知	国家发展改革委、国家体育总局、教育部、国家旅游局	2016/8/29	体经字〔2016〕645 号
134	中共中央 国务院印发《"健康中国 2030"规划纲要》	国家体育总局、国家发展改革委、教育部、工业和信息化部、民政部、财政部、人力资源和社会保障部、国土资源部、住房和城乡建设部、水利部、农业部、文化部、中国人民银行、海关总署、税务总局、工商总局、林业局、国家旅游局、保监会、中华全国总工会、共青团中央、全国妇联、中国残联	2016/10/25	N/A
135	体育总局等23部门关于印发《群众冬季运动推广普及计划（2016—2020 年）》的通知		2016/11/2	体群字〔2016〕146 号
136	中华人民共和国体育法（2016修订）	全国人民代表大会常务委员会	2016/11/7	中华人民共和国主席令第 57 号

序号	信息名称	发文机构	生成日期	发文字号
137	国务院关于印发国家教育事业发展"十三五"规划的通知	国务院	2017/1/10	国发〔2017〕4号
138	教育局 国家体育总局关于推进学校体育场馆向社会开放的实施意见	教育部、国家体育总局	2017/2/14	教体艺〔2017〕1号
139	教育部关于全面推进教师管理信息化的意见	教育部	2017/4/5	教师〔2017〕2号
140	教育部办公厅关于组织开展《高等学校体育工作基本标准》实施情况专项调研的通知	教育部办公厅	2017/5/23	教体艺厅函〔2017〕29号
141	教育部关于印发《普通高等学校健康教育指导纲要》的通知	教育部	2017/6/19	教体艺〔2017〕5号
142	教育部关于进一步加强普通高校高水平运动队建设的实施意见	教育部	2017/7/6	教体艺〔2017〕6号
143	教育部办公厅关于公布2017年普通高校高水平运动队技术调整结果的通知	教育部办公厅	2017/12/28	教体艺厅函〔2017〕65号
144	中共中央 国务院关于全面深化新时代教师队伍建设改革的意见	中共中央、国务院	2018/1/20	N/A
145	教育部办公厅关于2018年高水平运动队建设项目调整有关事项的通知	教育部办公厅	2018/7/2	教体艺厅函〔2018〕42号
146	教育部关于印发《新时代高校教师职业行为十项准则》的通知	教育部	2018/11/14	教师〔2018〕16号
147	教育部办公厅关于公布2019年普通高校高水平运动队技术调整结果的通知	教育部办公厅	2019/1/31	教体艺厅函〔2019〕8号
148	教育部办公厅关于开展2019年"师生健康中国健康"主题健康教育活动的通知	教育部办公厅	2019/3/1	教体艺厅函〔2019〕16号
149	中共中央办公厅 国务院办公厅印发《关于以2022年北京冬奥会为契机大力发展冰雪运动的意见》	中共中央办公厅、国务院办公厅	2019/3/31	N/A

序号	信息名称	发文机构	生成日期	发文字号
150	教育部等四部门关于加快推进全国青少年冰雪运动进校园的指导意见	教育部、国家发展改革委、财政部、国家体育总局	2019/5/20	教体艺〔2019〕3 号
151	国务院办公厅关于印发《体育强国建设纲要》的通知	国务院办公厅	2019/8/10	国办发〔2019〕40 号
152	教育部等七部门印发《关于加强和改进新时代师德师风建设的意见》的通知	教育部、中央组织部、中央宣传部、国家发展改革委、财政部、人力资源和社会保障部、文化和旅游部	2019/12/6	教师〔2019〕10 号
153	中共中央办公厅 国务院办公厅印发《关于深化新时代教育督导体制机制改革的意见》	中共中央办公厅、国务院办公厅	2020/2/19	N/A
154	教育部等七部门关于印发《全国青少年校园足球八大体系建设行动计划》的通知	教育部、国家发展改革委、财政部、国家广播电视总局、国家体育总局、共青团中央、中国足协	2020/8/28	教体艺〔2020〕5 号
155	体育总局 教育部关于印发深化体教融合 促进青少年健康发展意见的通知	国家体育总局、教育部	2020/8/31	体发〔2020〕1 号
156	中共中央 国务院印发《深化新时代教育评价改革总体方案》	中共中央、国务院	2020/10/13	N/A
157	中共中央办公厅 国务院办公厅印发《关于全面加强和改进新时代学校体育工作的意见》	中共中央办公厅、国务院办公厅	2020/10/15	N/A
158	教育部办公厅 北京冬奥组委秘书行政部关于举办"筑梦冰雪·相约冬奥"全国学校冰雪运动竞赛暨冰雪嘉年华的通知	教育部办公厅、北京冬奥组委秘书行政部	2020/11/16	教体艺厅函〔2020〕41 号
159	教育部印发《关于破除高校哲学社会科学研究评价中"唯论文"不良导向的若干意见》的通知	教育部	2020/12/7	教社科〔2020〕3 号

后记

　　本研究仅针对国家层面新时代高校体育政策进行了比较系统与深入的文本分析，但是作为对高校体育政策的研究尚有许多未尽事宜，由于篇幅、时间和精力所限，仍存在些许不足之处。具体表现在：其一，对于文献计量理论和政策工具理论有待深入理解和把控。目前国内将文献计量理论和政策工具理论应用于高校体育政策文本的研究尚少，因此，对新时代高校体育政策进行的探索性分析研究难免存在不足与疏漏之处。其二，关于高校体育政策执行的研究尚未涉足，这方面也是政策研究的主要方向。

　　有待深入研究的问题：其一，国内外高校体育政策的比较研究。这是高校体育政策研究的一部分，可以为新时代高校体育政策的制定提供借鉴和参考，也可以帮助新时代高校体育政策进一步改进和完善。其二，政策的落实。政策的落实是一个包含政策宣传、政策监督等在内的系统性工程，应对新时代高校体育政策在实际工作中的执行及落实情况进行深入详细研究，用实践来检验政策的落实效果。以上两个方面是今后有待继续深入研究的方向。